中国加工贸易高质量发展的路径与机制研究

Research on the Path and Mechanism of High-quality Development of China's Processing Trade

胡浩然　著

中国财经出版传媒集团
中国财政经济出版社
·北京·

图书在版编目（CIP）数据
　　中国加工贸易高质量发展的路径与机制研究／胡浩然著 . -- 北京：中国财政经济出版社，2025.5.
　　ISBN 978 - 7 - 5223 - 3918 - 4
　　Ⅰ. F752.68
　　中国国家版本馆 CIP 数据核字第 2025MA8710 号

责任编辑：陆宗祥　　　　　　　责任校对：张　凡
责任印制：张　健

中国加工贸易高质量发展的路径与机制研究
ZHONGGUO JIAGONG MAOYI GAOZHILIANG FAZHAN DE
LUJING YU JIZHI YANJIU

中国财政经济出版社 出版

URL：http://www.cfeph.cn
E - mail：cfeph@ cfeph.cn
（版权所有　翻印必究）
社址：北京市海淀区阜成路甲 28 号　邮政编码：100142
营销中心电话：010 - 88191522
天猫网店：中国财政经济出版社旗舰店
网址：https://zgczjjcbs.tmall.com
涿州汇美亿浓印刷有限公司印刷　各地新华书店经销
成品尺寸：147mm×210mm　32 开　7.5 印张　181 000 字
2025 年 5 月第 1 版　2025 年 5 月河北第 1 次印刷
定价：39.00 元
ISBN 978 - 7 - 5223 - 3918 - 4
（图书出现印装问题，本社负责调换，电话：010 - 88190548）
本社图书质量投诉电话：010 - 88190744
打击盗版举报热线：010 - 88191661　QQ：2242791300

前　言

改革开放40多年来，中国一跃成为全球第二大经济体和全球第一大贸易国，国际贸易是拉动我国经济腾飞的重要引擎。同时，我国经济成就离不开加工贸易的作用，加工贸易出口占全国总出口的比例一度超过60%。但是，随着国内的人口红利消失、环境要求提高以及国际金融危机、贸易不确定性等内外在因素的影响，2007年以后加工贸易出口占全国总出口的比例不断下滑。新时期，为了促进我国加工贸易高质量发展和"稳外贸"，一方面加工贸易亟须转型升级以提高加工制造环节的国内附加值；另一方面需要推动加工贸易在国内梯度转移，从而优化我国产业和资源的空间优化配置。

加工贸易高质量发展是一个内涵丰富的理论和实践体系，本书围绕加工贸易转型升级和梯度转移两个视角展开。本书从国家政策角度切入研究，对《中共中央关于完善社会主义市场经济体制若干问题的决定》（2003）、《关于支持中西部地区承接加工贸易梯度转移工作的意见》

(2007)、《关于推动外贸稳规模优结构的意见》(2023)、《关于促进东部产业向中西部转移的指导意见》(2024)等加工贸易发展政策进行了系统的总结、分析和研究。全书共有七章，按照总—分—总的结构展开，各章围绕"导论、理论、加工贸易转型升级、加工贸易梯度转移、政策建议"的顺序展开。

导论：主要介绍本书的研究背景与意义，引出我国加工贸易的发展现状，说明本书的研究思路、结构、贡献和不足。

理论：分别从加工贸易转型升级与梯度转移两方面展开文献综述，其中包含产业政策、出口、国内附加值、资源配置效率、利润率等多个维度，厘清了促进加工贸易高质量发展的理论基础，为本书的研究确立了学理依据。

加工贸易转型升级：如何促进加工贸易转型升级是本书研究的重要内容之一。本书主要从出口结构和资源配置效率两个视角展开研究，评估了加工贸易转型升级战略对加工贸易企业出口、国内附加值率和全要素生产率的影响。同时，本书引入了企业动态理论，观察加工贸易转型升级战略是否影响企业动态，阐述企业动态与企业出口量和国内附加值率之间的关系，验证了企业动态和经营主体结构变化在作用机制中的调节过程。此外，本书发现加工贸易转型升级战略带来的资源配置效应对企业出口结构也存在着机制作用。

加工贸易梯度转移：评估加工贸易转移政策的有效性和持续性是本书研究的另一重要内容。本书主要从出口和利润率两个视角展开研究，评估了加工贸易转移政策对承接地区加工贸易企业出口和利润率的影响。一方面，本书发现市场进入行为并不是加工贸易转移政策提升承接地区加工贸易企业出口的主要原因，反而是大规模企业通过承接加工贸易业务或者订单实现了承接地区加工贸易企业出口提升，这意味着我国加工贸易转移的现实模式主要体现为"业务转移"模式。另一方面，本书发现加工贸易转移政策对承接地区加工贸易企业的利润率存在先上升后下降的"∩"形特征边际影响，从"集聚效应"和"竞争效应"角度分析和论证了"∩"形特征产生的原因，发现"集聚效应"可能是短期影响，"竞争效应"以及其长期影响将使市场中的超额利润回归正常水平。

政策建议：加工贸易转型升级和梯度转移是促进我国加工贸易高质量发展的重要路径，本书基于各章节的研究结论提炼具有价值的政策建议。本书认为，加工贸易转型升级战略虽然提高了加工贸易企业的国内附加值率，但也降低了出口量和全要素生产率，因此对于加工贸易转型升级战略的实施效果需要一分为二看待。在推进加工贸易转型升级过程中，需要不断优化产业政策，避免企业承担过大的调整成本。同时，加工贸易梯度转移可以优化区域间的贸易分布，提升中西部、东北地区的出口规模，并且为其带来新的经济增长点。本书结论有效支持了区域协调发展战略和"双循环"新发展格局，并为我国产业梯度转移的现实模式提供了实践依据。

本书充分认识到当前我国发展加工贸易所面对的内外部压力，以及加工贸易在促进外贸高质量发展中起到的积极作用。本书解读了2003—2024年与加工贸易相关的政策文件，认识到加工贸易长期以来受到我国政府的高度重视。通过对政策文件进行解读和分析，本书选择了促进加工贸易高质量发展的两大路径，即加工贸易转型升级和梯度转移。本书系统研究了我国加工贸易发展政策的经济效应和机制，为我国持续推进供给侧结构性改革、"双循环"战略、"稳外贸"、高质量发展等提供了理论依据和实践证据。

胡浩然

2024年4月6日

目 录

第一章 导论 / 1

第一节 研究背景 …………………………………………… 1
第二节 研究意义 …………………………………………… 3
第三节 中国加工贸易发展现状 …………………………… 5
第四节 研究思路 …………………………………………… 9
第五节 结构安排 …………………………………………… 11
第六节 边际贡献与不足之处 ……………………………… 13

第二章 加工贸易转型升级与梯度转移的理论基础 / 16

第一节 关于加工贸易转型升级的文献综述 ……………… 16
第二节 关于加工贸易梯度转移的文献综述 ……………… 25

第三章 加工贸易转型升级战略对企业出口的影响 / 33

第一节 加工贸易转型升级战略的政策基础 ……………… 33
第二节 典型事实 …………………………………………… 38
第三节 数据来源与研究设计 ……………………………… 43
第四节 实证检验 …………………………………………… 56

第五节　企业动态与企业出口 …………………………… 74
第六节　关于作用机制的实证检验 ………………………… 89
第七节　本章总结 …………………………………………… 109

第四章　加工贸易转型升级战略的资源配置效应 / 115

第一节　加工贸易转型升级战略与企业生产率 …………… 115
第二节　实证检验 …………………………………………… 117
第三节　资源配置效应与企业出口 ………………………… 131
第四节　拓展分析 …………………………………………… 134
第五节　本章总结 …………………………………………… 141

第五章　加工贸易梯度转移与企业出口 / 143

第一节　加工贸易梯度转移的政策基础 …………………… 143
第二节　典型事实 …………………………………………… 145
第三节　研究设计 …………………………………………… 147
第四节　实证结果与分析 …………………………………… 150
第五节　作用机制检验 ……………………………………… 159
第六节　本章总结 …………………………………………… 171

第六章　加工贸易梯度转移与企业利润率 / 173

第一节　典型事实 …………………………………………… 173
第二节　研究设计 …………………………………………… 174
第三节　实证检验 …………………………………………… 177
第四节　作用机制检验 ……………………………………… 186
第五节　本章总结 …………………………………………… 199

第七章　推动中国加工贸易持续高质量发展的政策建议／201
　　第一节　关于加工贸易转型升级的政策建议 …………… 201
　　第二节　关于加工贸易梯度转移的政策建议 …………… 205

参考文献 ……………………………………………………… 209
后记 …………………………………………………………… 228

第一章 导 论

第一节 研究背景

第二次世界大战以后,国际政治和贸易互联互通成为主流,战后的国际环境有利于国际贸易的展开。尽管美欧等西方国家同样经历了战争的破坏,但是经济基础更为强大,并且迅速崛起。相比之下,日本、韩国等亚洲国家的经济发达程度处于第二梯队,国家的经济发展水平相对西方国家更为落后。但是,随着国际经贸环境的改善,全球价值链位次的重新分配,加工贸易成为其中一种重要的出口贸易发展模式。过去的发展经验表明,日本、韩国等亚洲国家在经济发展的起步阶段大力发展了加工贸易,并且通过加工贸易方式迅速推动了本国出口贸易的快速增长和相关产业的转型升级。

改革开放40多年来,中国经济成就离不开加工贸易的作用,加工贸易促进了我国经济增长、就业和技术进步。从数据层面来看,改革开放以后我国总出口额占国内生产总值(GDP)的比重由新中国成立初的不到4%,一直增长到2007年的35.4%,达到最大,成为推动中国经济快速增长的重要力量。其中,以加工贸易方式出口额占总出口额的比重在2006年以前长期占60%左右，而东部沿海地区贡献了其中90%左右的加工贸易出口份额，并且加工贸易出口在东部沿海地区出口占比超过97%，造就了东部沿海地区的经济高速增长。但是，随着国内人口红利逐步消失、环境要求提高，以及全球经贸环境不确定性因素增加，加工贸易出口占全国总出口的比例不断下降，2023年该比例降至18%左右。总体来看，加工贸易对于促进中国经济的增长起到了重要作用。虽然加工贸易在减轻国内就业压力、推动对外贸易和工业化发展等方面发挥了巨大的外溢效应，但是原有粗放型的加工贸易发展模式也面临着发展的"瓶颈"问题。

由于加工贸易在原材料采购和产品销售方面具有"两头在外"的特征，主要从事附加值含量较低的加工制造环节。我国出口规模虽然庞大，但是企业出口的国内附加值率（DVAR）远低于发达国家（Chen et al.，2012）。而且，加工贸易产业中高污染、高耗能比例较大，给我国的自然环境和资源带来了非常严重的负面影响。因此，促进加工贸易转型升级成为我国供给侧结构性改革和产业转型升级的重中之重。同时，加工贸易等劳动密集型企业外迁给我国出口贸易造成下滑压力，而中西部、东部等地区相关产业处于发展的初始阶段。东部地区相对落后的产业在中西部等欠发达地区并不一定意味着产业的绝对低端化。中西部等地区的经济发展阶段和产业层次较低，与东部地区相比形成了明显的产业梯度。加工贸易梯度转移对"外"可以减少出口加工等劳动密集企业的外迁，进而有利于缓解出口下滑的压力，对"内"可以促进落后地区的经济增长和就业稳定，进而有利于促进欠发达地区的经济发展。

为了促进我国加工贸易高质量发展，加工贸易相关产业亟须转型升级以提高加工制造环节的附加值。同时，我国现阶段需要推动加工贸易跨区域的梯度转移以保障产业链稳定。因此，本书主要围绕加工贸易转型升级和梯度转移两方面展开。2003年10月，党的十六届三中全会通过《中共中央关于完善社会主义市场经济体制若干问题的决定》，确定了加工贸易转型升级的方向是拓展更大增加值含量的加工制造环节。同时，2007年11月，商务部和国家开发银行联合发布了《关于支持中西部地区承接加工贸易梯度转移工作的意见》，目标是引导东部地区加工贸易产业到中西部地区，促进区域协调发展。上述加工贸易发展政策为本书研究加工贸易的转型升级和梯度转移问题提供了政策依据。

第二节 研究意义

新时期，中国经济逐渐步入高质量发展阶段，面对国际环境的不确定性，产业结构需要深化改革，以保证经济增速并兼顾发展质量。出口贸易作为我国经济发展的三驾马车之一，长期对促进经济增长起到了重要作用。但是，高度依赖出口贸易的经济发展模式并非一成不变。近10年来，我国的出口增速相较于加入世界贸易组织（WTO）前后实际上在放缓，其中加工贸易方式出口额占总出口额的比重出现了更大幅度的下滑。同时，我国单位出口的贸易利得较低，原因在于核心技术并没有掌握在我国企业手中，以及产业结构和层次较为落后。我国迫切需要调整出口模式，提高贸易利得和"稳外贸"，加工贸易转型升级和梯度转移是重要的可行发展路径。本书具有重要的学术和社会研究意义。

一、学术研究意义

1. 具有重要时代意义。

加工贸易在中国促进外贸高质量发展中起到了重要的作用，内外部压力迫使加工贸易转型升级和梯度转移，本书具体评估了加工贸易政策的经济效应，为我国当前经济转型和高质量发展提供参考。

2. 研究维度的综合性。

本书从多维度综合评价了我国加工贸易发展政策，一些政策效果可能符合政策目标，但是也可能对受规制企业的资源配置效率造成负面干扰。本书从多维度展开研究并对加工贸易发展政策展开综合评价，进而提出客观的政策优化建议。

3. 拓展了贸易方式转化的理论视角。

加工贸易和一般贸易企业之间存在贸易方式转化这一事实，本书研究丰富了企业动态演化方面的理论框架。在研究过程中将拓展后的企业动态理论引入研究之中，重点从企业动态和资源配置角度进行了理论分析。

4. 为促进区域协调发展提供了实践证据。

我国政府高度重视加工贸易的区域结构调整，推动加工贸易梯度转移可以为中西部地区带来参与全球价值链分工体系的机遇，拓展了对加工贸易梯度转移话题的相关研究。

二、社会研究意义

1. 符合外贸高质量发展要求。

中美贸易摩擦、新冠疫情冲击等事件启示，中国出口贸易依然是影响经济增长的重要部分,但其脆弱性也暗示了中国出口面临着较大的压力。面对国际贸易政策的不确定性,我国产业结构需要优化升级以保证经济增长的速度并兼顾发展质量。高度依赖简单加工复出口的贸易模式并非长久之计,需要不断推进加工贸易的高质量发展。

2. 加工贸易助力中西部发展。

中西部等欠发达地区已经逐步具备了承接东部地区转移产业的发展潜力,加工贸易梯度转移在促进相对落后地区经济增长中发挥了积极作用,有助于促进加工贸易承接地区产业结构升级、提升产品竞争力、扩大出口创汇和解决就业等。

3. 政策借鉴价值。

系统评估了加工贸易发展政策的经济效应和作用机制,可以提出较为全面的政策优化建议。同时,本书研究对其他类似产业扶持政策的评估和完善具有借鉴价值和启示意义。

第三节 中国加工贸易发展现状

一、加工贸易出口变化

改革开放以来,中国加工贸易出口额占总出口额的比重长期接近六成,这对于推动中国经济增长和出口贸易起到了重要作用。我们通过加工贸易和一般贸易对比进而判断加工贸易出口的趋势变化,分别统计出一般贸易方式和加工贸易方式的出口额在全国的分布和变化趋势,具体如图1-1所示。从出口总量角度来看,加工贸易出口额长期高于一般贸易,直到2011年左右才被一般贸易反超。在 2006 年以前加工贸易和一般贸易出口额的整体变化趋势不大。2007 年及以后加工贸易方式出口额与一般贸易方式出口额的差值逐步下降，即加工贸易方式出口额占全国总出口额的比重不断下降。可以推断，加工贸易方式出口下滑可能是导致我国出口增速下降的重要原因之一。

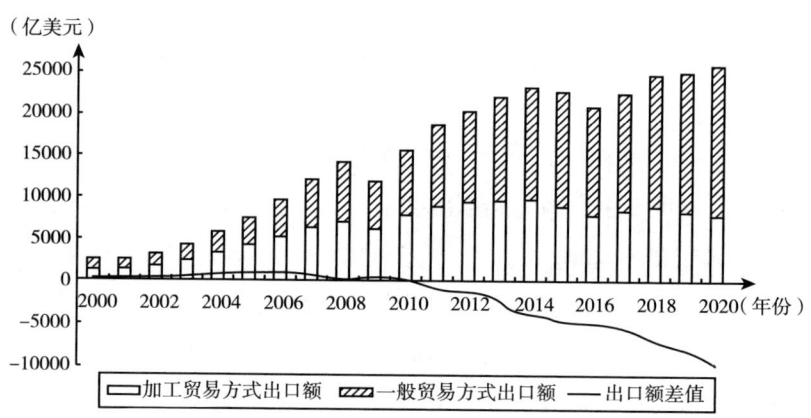

图 1-1　加工贸易方式与一般贸易方式出口额变化

注：数据来源于国家统计局、中经网统计数据库和海关数据库，加工贸易出口额是由进料加工贸易方式和来料加工装配贸易方式出口额加总得出。图 1-2 数据来源相同。

通过对图 1-1 的解读，有如下两点启示：第一，我国加工贸易出口额占总出口额的比重长期达到一半以上，可以说加工贸易出口占据了半壁江山。尽管 2007 年以后加工贸易出口额比重出现了下滑，但是并不能否认加工贸易在推动我国出口贸易和经济增长中的重要作用。所以，面对加工贸易的发展逐步陷入困境，推动加工贸易转型升级尤为迫切。第二，2007 年国际金融危机可能是导致加工贸易出口相对一般贸易出口出现大幅度下滑的触发原因。在此宏观大背景下，我国需要优化和实施加工贸易发展政策来"稳外贸",加工贸易转移政策逐渐提上日程。鉴于不能排除 2007 年以后国际金融危机对加工贸易出口的巨大影响,因此关于加工贸易转型升级的研究年限控制在 2006 年之前。

二、东中西部地区出口变化

2007 年以后我国出口贸易增速出现下滑,出口增速在 2000—2006 年平均值为 20.2%;在 2007—2020 年平均值下调,仅为 5.6%,甚至在 2015—2016 年连续出现出口的负增长,具体如图 1-2 所示。图 1-2 表明,中西部地区的出口额占全国总出口额的比例相对较低,2000—2020 年平均值仅为 11.8%,东部地区与中西部地区出口额的差值逐步增大。但是,2007 年以后出口额差值的变化趋势逐步减小,即中西部地区出口额占全国总出口额的比重不断上升。

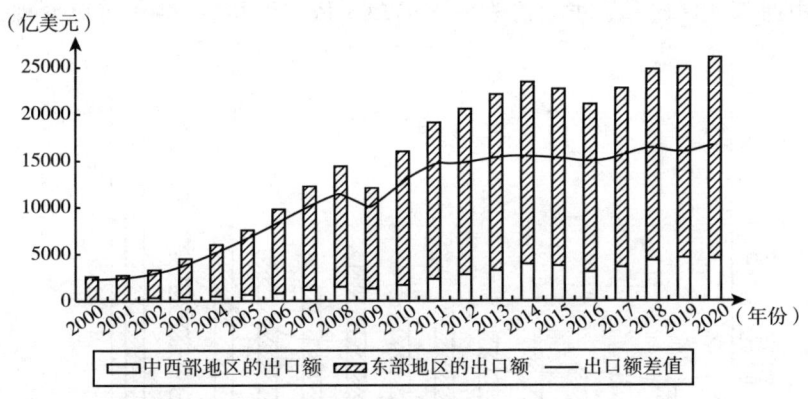

图 1-2 中西部地区与东部地区出口额变化

不难猜测的是,近年来由于我国面临国际出口市场的不确定性增大、劳动成本大幅提升,以及东部地区亟须产业转型升级以满足高质量发展要求等多重压力,东部地区在改革开放初期承接的加工贸易等劳动密集型产业面临选择，部分加工贸易企业或者业务可能终止与代工厂的合作并退出中国，也可能向中西部等劳动成本较低的地区转移。

三、中西部地区加工贸易出口变化

进一步地，区分一般贸易和加工贸易方式，分别统计出不同贸易方式的出口在全国、中西部和东部地区的分布和变化趋势，如图1-3和图1-4所示。从图1-3可以看出，2000—2013年中西部地区加工贸易方式出口占全国加工贸易总出口的比例较低，平均值仅有6.1%，在2007年以后该比例才出现较大幅提升。这与图1-2中加工贸易方式占全国比例的变化趋势相反，并且发生较大变化的时间点较为接近。这说明加工贸易或许已经从东部地区向中西部地区转移，并且存在一定的现实依据。从图1-4可以发现，

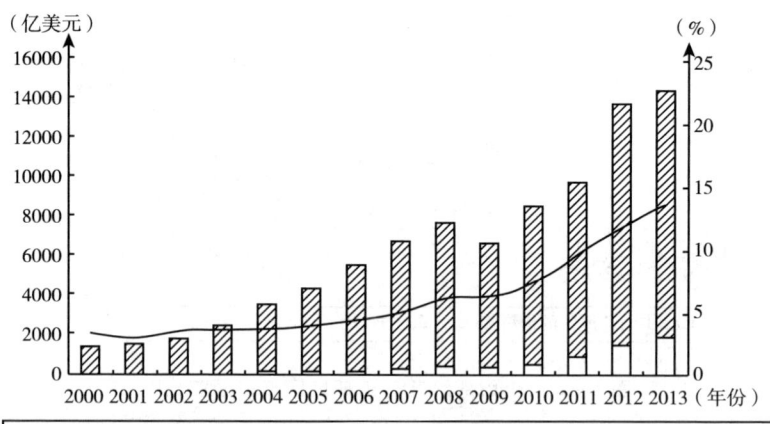

图1-3 东部和中西部地区的加工贸易方式出口额

注：数据来源于2000—2013年中国海关企业数据库。图1-4数据来源相同。

中西部地区一般贸易方式出口占全国一般贸易总出口的比例及其变化趋势并未发生较大变动。因此，图1-2中西部地区出口占全国总出口比例变化的原因更可能是源自加工贸易方式出口的变化。可以推断，加工贸易梯度转移可能是导致2007年以后中西部地区加工贸易方式出口较大幅度提升的原因之一。

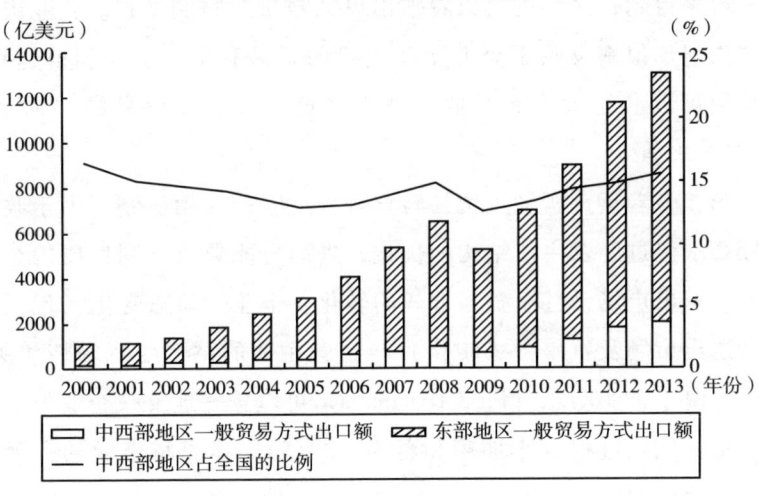

图1-4 东部和中西部地区的一般贸易方式出口额

第四节 研究思路

本书全面分析了我国加工贸易发展现状，从多维度对我国加工贸易发展政策进行理论分析和实证评估，主要聚焦加工贸易转型升级与梯度转移两方面。最后针对各章节的基本结论，本书提出相应的政策优化建议。

一、加工贸易转型升级视角

第一，研究加工贸易转型升级战略对企业出口结构的影响。其中，企业出口量体现了企业在出口层面的绩效，进而反映了企业出口"数量"。在加工贸易转型升级战略影响下，如果加工贸易企业的出口量得到提高，则可以看作出口"数量"得到增长。企业出口的国内附加值率反映了企业单位出口的贸易利得，贸易利得越高，则企业可以获得潜在贸易收益越高，这可以看作贸易的"质量"增长。

第二，着重分析加工贸易转型升级战略的作用机制。由于政策目标要求促进经营主体结构的优化，进而可能导致不同性质的企业进入、退出市场，甚至贸易方式的转化。企业的动态变化（包括进入、退出市场及贸易方式转化）与经营主体的结构变化密切相关。同时，由于企业动态（Firm Dynamics）可以较好地反映企业内部资源的重新配置过程（李坤望和蒋为，2015），本书将企业动态理论引入作用机制的分析框架中。在作用机制检验部分，由于企业的进入、退出和贸易方式转化实际反映了一种概率，本书运用双重差分法（DID 模型）并结合 Probit 模型进行实证检验。

第三，检验加工贸易转型升级战略的资源配置效应。本书不仅检验了加工贸易转型升级战略对企业全要素生产率的影响，还检验了资源配置效应在加工贸易转型升级战略对企业出口的结构效应中的机制作用。

二、加工贸易梯度转移视角

第一，研究加工贸易转移政策对承接地区加工贸易企业出口的影响。主要考虑到加工贸易转移政策的目标之一是将东部发达地区的加工贸易产业转移至中西部、东北相对欠发达地区。同时，企业出口变化能够较好地反映政策的有效性，通过承接地区企业出口变化判断判断加工贸易梯度转移的存在性。

第二，研究加工贸易转移政策对承接地区加工贸易企业利润率的影响。作为市场中的微观主体，企业视利润最大化为其基本目标，也是其经济绩效的基础和核心（刘灿雷等，2018）。承接地区企业能否获得超额利润或者完全竞争市场的零利润，是其在市场能否持续生存的基础。

第五节 结构安排

全书分为七章进行阐述，具体的结构安排如下：

第一章为导论。首先，从发展加工贸易的重要性、出口总量变动以及东中西部地区出口变动等现状引出研究背景，阐明本书的研究意义。其次，对改革开放以来中国加工贸易的发展状况进行了描述和总结。最后，进一步梳理了本书的研究思路，对结构安排进行说明，并且指出了研究的边际贡献和不足之处。

第二章为加工贸易转型升级与梯度转移的理论基础。本书参考已有相关研究，分别从产业政策、产业转型升级、产业转移、出口贸易、附加值升级、资源配置效率、利润率等方面进行了文献综述。通过对已有研究的总结和分析，逐步引出本书所要研究的问题和理论逻辑。

第三章为加工贸易转型升级战略对企业出口的影响。本书针对加工贸易转型升级战略的历年政策文件进行了整理，发现主要政策目标是促进附加值升级和经营主体结构的优化。本书通过实证进行了重新检验，验证了本书基本结论的稳健性。同时，本章从数据层面观察了加工贸易转型升级战略是否可以影响企业动态，以及阐述了企业动态与企业出口量和国内附加值率之间的关系。

第四章为加工贸易转型升级战略的资源配置效应。一是验证了加工贸易转型升级战略是否可以影响加工贸易企业的全要素生产率。二是验证了资源配置效应在加工贸易转型升级战略对企业出口结构影响中是否存在着机制作用。

第五章为加工贸易梯度转移与企业出口。首先，验证了加工贸易转移政策是否提升了承接地区加工贸易企业出口。其次，判断我国加工贸易梯度转移的现实模式是"企业转移"还是"订单转移"。最后，从企业动态视角分析承接地区出口扩张的推动因素，验证企业进入和在位企业扩张对承接地区加工贸易出口的实质作用。

第六章为加工贸易梯度转移与企业利润率。首先，验证了加工贸易转移政策能否在平均效应上提升承接地区加工贸易企业的利润率。其次，检验加工贸易转移政策的优惠措施是否为加工贸易转移政策提升企业利润率的作用机制。最后，判断加工贸易转移政策影响企业利润率的边际效应如何变化，"集聚效应"和"竞争效应"在其中起到了怎样的作用。

第七章为推动中国加工贸易持续高质量发展的政策建议。在总结各章节的结论基础上，针对加工贸易转型升级和梯度转移提出了具体的政策优化建议。

第六节 边际贡献与不足之处

一、边际贡献

第一,从研究视角来看,加工贸易在我国"稳外贸"中起到了重要的作用,同时促进加工贸易转型升级和梯度转移是当前我国外贸高质量发展的重要路径。但是,从目前来看,关于贸易方面的产业转型升级和梯度转移问题研究相对较少,并且较少有研究从国家政策角度切入。特别是 2018 年以来,中美贸易摩擦、新冠疫情冲击等事件启示,出口贸易依然是影响我国经济增长的重要部分,但是其脆弱性也提示了中国出口依然面临着较大的压力。我国需要出台更为具体和针对性的贸易政策,因此评估贸易政策有效性具有重要的现实意义。

第二,从研究对象来看,加工贸易转型升级战略和加工贸易转移政策是目前我国针对加工贸易产业出台的贸易政策。本书具体评估了加工贸易发展政策的效力,并且重点剖析了政策的作用机制。因此,本书的研究对于贸易政策和区域协调发展政策的制定和修订具有重要的借鉴意义。

第三,从研究维度来看,已有的研究大多仅针对其中一点或者一个方面,研究维度相对单一。但是,产业政策的影响包括多维度,政策效力可能是正向的,也有可能对受规制企业的资源配置效率造成干扰。一方面,关于加工贸易转型升级,本书主要从企业出口结构和资源配置效率的维度展开研究。以企业出口量衡量出口"数量",以企业出口的国内附加值率衡量出口的"质量",因而可以综合评价加工贸易转型升级战略对企业出口影响的结构性差异。同时，本书评估加工贸易转型升级战略是否会造成资源配置的扭曲，以及资源配置效应在加工贸易转型升级战略影响企业出口的结构效应中的微观机制作用。另一方面，关于加工贸易梯度转移，本书主要从企业出口和利润率的维度展开研究。通过观察承接地区加工贸易企业出口的变化来判断加工贸易转移政策的有效性，通过观察承接地区加工贸易企业利润率的长期变化来判断加工贸易转移政策影响的持续性。

第四，本书发现了加工贸易和一般贸易企业之间贸易方式转化的事实，从而拓展了企业动态的理论框架。企业可能存在学习效应而发生贸易方式的转化，而目前关于这方面的研究较为少见。本书将企业动态理论引入机制检验部分后，发现企业动态和经营主体结构变化是加工贸易转型升级战略影响企业出口结构效应的作用机制。

第五，本书发现市场进入行为并不是加工贸易转移政策提升承接地区加工贸易企业出口的主要原因，反而是大规模企业通过承接加工贸易业务或者订单实现了承接地区加工贸易企业出口提升，这意味着我国加工贸易转移的现实模式主要体现为"业务转移"模式。同时，市场进入带来了"集聚效应"和"竞争效应"，两者对承接地区企业利润率带来正反两方面影响。"集聚效应"对企业利润率有正向影响，但是影响时期短暂。"竞争效应"对企业利润率有负向影响，使市场中的超额利润回归正常水平。

二、研究的不足之处

第一，数理推导分析不足。本书未构造出合适的理论模型对加工贸易转型升级战略和加工贸易转移政策的理论机制进行说明。作为弥补，本书系统总结现有文献进行理论逻辑分析，充分整理政策文件和材料进行典型事实分析，并采用双重差分法进行准自然实验，从而尽可能保证研究结论的客观性。此外，深度整理和解析了原始数据，特别是对机制检验的结果进行了数据分析，使本书对研究结论的解释具备现实基础。

第二，研究维度相对较少。对于政策的评估如同"盲人摸象"，从不同维度来看，其政策效力也不相同。本书发现了加工贸易企业和一般贸易企业之间贸易方式转化的事实，加工贸易转型升级战略有利于贸易结构的优化，但并没有深入进行探讨。此外，技术创新是引领发展的第一动力，成本加成率反映了企业可以获得利润的能力，产品质量升级可能是进一步开拓国际市场的趋势，本书并没有对这些研究维度进行验证和分析。

第三，研究时限相对较短。限于使用中国海关企业数据和工业企业数据，本书研究时限为2013年以前，较短的研究时限限制了对我国加工贸易转型升级战略和加工贸易转移政策的持续性研究。例如，2023年4月国务院发布《关于推动外贸稳规模优结构的意见》、2024年9月国务院发布《关于推动沿海产业向中西部地区转移的指导意见》，这些政策的侧重点和较早前政策可能有所不同。但是，本书是以较早前的政策为例，分析的是其中的经济学本质，因而对当前我国加工贸易的高质量发展和"稳外贸"仍然具有政策启示意义。

第二章 加工贸易转型升级与梯度转移的理论基础

第一节 关于加工贸易转型升级的文献综述

由于加工贸易转型升级战略属于产业政策范畴,研究思路和理论逻辑与其他产业政策具有一定的相似性。因此,我们首先从大类别的产业政策角度展开文献综述。其次,企业出口量和国内附加值率是重要的研究对象,也是本书主要的研究问题,我们将分别从出口贸易和国内附加值率两方面展开文献综述。再次,产业政策也可能影响企业内外部的资源配置状况,进而对企业的生产效率造成影响,我们也将从这方面进行文献综述。最后,加工贸易转型升级战略是本书的研究案例,本书主要从贸易转型升级角度进行文献综述。

一、产业政策对产业发展的影响

改革开放40多年来,中国经济腾飞离不开积极的国家政策或者产业政策的引导,如改革开放基本国策、开发区政策和加工贸易转型升级战略等各种产业政策。凯恩斯主义肯定了政府合适的政策可以实现对经济的纠偏和资源的优化配置。总结以往的研究，大部分学者认为积极的产业政策将对经济增长起到促进的作用。

合适的产业政策有利于相关产业发展（Johnson，1982；Amsden，1989；Wade，1990），可以促进产业结构优化（徐朝阳和林毅夫，2010；韩永辉等，2017），并且有利于提升企业的全要素生产率（Itō，1992；Aghion et al.，2015；宋凌云和王贤，2013）和促进创新（Peters et al.，2012），进而有利于提高社会的整体福利（鞠建东和刘政文，2017）。相反地，一些研究认为产业政策不仅不能达到其预期的效果（Krueger and Tuncer，1982；Beason and Weinstein，1996），甚至引导企业过度投资（王克敏等，2017），进而导致社会福利损失（Baldwin，1992）。那么，产业政策对产业发展的影响方向如何？从已有研究来看并不能得出一致的结论，还需要根据具体的产业政策以及所要研究的方向来确定。

中国的产业转型升级问题是否深受产业政策的影响？Gereffi（2008）对比中国和摩西哥产业升级和经济发展路径，认为尽管两国都是奉行外向型发展战略，但是摩西哥的成功依赖于外国直接投资、广泛私有化和开放市场，中国关键在于能在全球价值链中实现规模经济和产业升级。Cheong 和 Wu（2014）认为，改革开放后，中国经济的成功归因于经济结构转型和制造业向高附加值产品的产业升级，但是负面影响是带来了地区间经济发展的不平衡。Brandt 和 Thun（2016）认为，国内市场大的发展中国家，本土企业具有独特的优势，低端企业被提供了"自然"的保护，不受国际竞争环境的影响，高端企业则为外国企业提供了本地化活动和发展的能力，限制了本地企业升级过程中所能利用的机会和能力。Pipkin 和 Fuentes（2017）从全球价值链视角分析了产业升级的触发原因和结果,认为发展中国家企业在受到市场脆弱性的"冲击"的推动下开始升级,通常是由国家政策触发,迫使他们寻求改变现状。升级过程可以产生广泛的结果,从几乎一开始没有任何进展,到市场地位升至全球产业的前列,其原因是基于本地环境中的学习效应。相反地,Brandt 和 Thun(2016)认为,限制性需求和供给侧方向的政策往往不经意地限制了产业升级的机会。Milberg(2007)研究发现,出口加工区政策很难促进升级为高附加值的企业。因此,从上述文献可知,产业政策是否可以促进产业转型升级的问题依然没有定论,但相比较而言,类似中国这样的发展中国家更加需要出台产业政策来促进产业转型升级。

那么,中国的加工贸易是否需要转型升级,是否需要产业政策支撑?Milberg(2007)研究发现,由于中国明令禁止出口加工区从事一般贸易业务,因而出口加工区绝大多数是加工贸易企业,但是对应的出口加工区政策很难促进升级为高附加值的企业。与此同时,目前国内学者的研究大部分集中在理论分析和经验判断(刘晴和徐蕾,2013;裴长洪和彭磊,2006),学者们认识到促进加工贸易转型升级是我国面临的重大问题,并且根据经验判断指明了贸易升级的方向(张燕生,2004)。卜国琴和刘德学(2006)具体以服装产业为案例,认为加工贸易转型升级包括产品升级、全球价值链升级、企业能力升级和企业网络地位升级等方面,也有学者从全球价值链视角提出类似观点(邬关荣,2006)。胡军等(2005)认为,代工企业转变为原始设计制造商、创建自我品牌和做大做强以实现规模经济是其持续成长的路径。

从关于加工贸易转型升级战略的角度来看,胡大立等(2018)从全球价值链视角对加工贸易转型升级战略绩效进行评价,认为政策总体效果较好，促进了产品结构升级，但是对价值链升级的效果不佳。裴长洪（2009）通过对中国加工贸易转型升级战略实施以来出口结构变化的分析，发现中国的加工贸易转型升级战略并没有真正实现转变贸易增长方式的目的，中国出口贸易结构的变化只是价格转移的结果。赵晓晨（2011）从加工贸易转移、升级和区域转移三方面对中国加工贸易转型升级战略进行了实证检验，回归结果表明中国加工贸易转型升级战略促进了产业和产品结构升级，提高了加工贸易的增值率，却没有促进加工贸易区域转移。

  综合上述研究可以发现，国内关于加工贸易转型升级问题的研究相对较少，并且，国内学者的研究大多是基于自己已有的理论分析和经验判断，缺乏相对客观的实验证据，在方法上大多是以数据说明方式为主，从而不能保证研究结论的客观性和准确性。因此，我们不能排除因主观因素而带来结论有偏的可能性。与此同时，学者对于政策效力的评估有不同的看法，甚至引起了学者间的争论，对于相同的产业政策，从不同的维度来看政策的实施效果也会不同。因此，这也提醒我们加工贸易转型升级战略的政策效应从不同维度来看可能存在不同。

  通过对已有文献的整理，本书认为有如下几点拓展，从而可以对加工贸易转型升级战略进行更深层次的研究。第一，本书从已有研究产业政策的文献中获得灵感，将双重差分法（DID模型）引入实证检验中，通过将数据分析结合实证检验，从而保证关于加工贸易转型升级战略政策效应的研究结论更具备说服力。第二，已有研究大多围绕于一点展开，但是并不能在整体上综合评估加工贸易转型升级战略的政策效应，本书后文从企业出口、国内附加值率、全要素生产率等角度进行了研究，从而使研究结论更为饱满。第三，已有研究较少讨论产业政策的作用机制，本书重点进行了机制检验。同时，我们从宏观、微观、影响渠道和企业动态等视角进行研究，剖析转型升级的内在机制和优胜劣汰过程。现有文献较少从企业动态角度展开研究，本书不但研究了企业的退出和生存状况，还发现了在政策影响下，企业可以通过自我学习效应来谋求生存进而发生贸易方式转化，而这方面的研究相对较少。

二、产业政策对于出口贸易的影响

中国在人口、自然资源等方面具有比较优势，因而造就了中国通过出口贸易扩张和出口导向型发展模式促进经济增长（陈松和刘海云，2013）。关于出口贸易的研究较为常见，国内外学者一般围绕影响一国、行业或者企业层面出口的各种因素进行分析，其中也包括从产业政策角度展开研究。

对于出口贸易的研究，早期学者一般从企业出口量角度展开，实际是从出口角度衡量企业的出口绩效。Warr（1987）认为，出口加工区具有促进出口的经济优势，通过研究菲律宾已建成的出口加工区发现，园区可以给菲律宾带来巨大好处，类似也有其他不同国别的研究（Islam and Siengthai，2009；Chen et al.，2016）。中国的学者大多从经验判断和理论分析角度指出出口加工区存在的问题。章韬和戚人杰（2017）将中国出口加工区作为研究对象分析集聚—出口政策对企业生产率的影响，发现拥有出口加工区的城市具有更强的经济集聚和出口溢出效应。但是，也有不同的观点，Blonigen（2016）认为，产业政策可能降低企业出口竞争力，胡浩然（2019）发现以节约土地资源为目的的土地政策降低了开发区内的出口水平。陈钊和熊瑞祥（2015）研究了出口加工区的主导产业政策是否有效，发现产业政策在具有比较优势产业中对促进企业出口的作用在逐年增强，相反在处于劣势的产业中并不显著。

综合来看，产业政策对企业出口量的影响方向并不确定，既可能存在正向促进作用，也可能存在负向的抑制作用。本书认为，企业出口量既体现了企业出口的"数量"，又反映了在出口层面的经营绩效，因而本书将其作为研究的一个重要维度。对于加工贸易转型升级战略，如果加工贸易企业受到政策的影响越多，那么企业需要面临调整生产模式和出口模式的压力越大，进而可能增大企业运营成本，最终导致企业生产效率和出口量的下降。相反，如果政策目标之一是促进提高企业的出口量，那么在潜在补贴和扶持政策的影响下，加工贸易转型升级战略将可能在短期内提高企业的出口量。

三、产业政策对国内附加值的影响

中国出口贸易的未来方向是出口"质量"的提升，其中一个重要体现是在单位出口中具有更高的附加值。本书认为，企业出口国内附加值率（DVAR）的上升意味着在生产中使用了更多的国内原材料和中间品，在国际贸易中获得了更大的贸易利得。已有研究也表明企业出口的 DVAR 可以更准确地反映一国参与国际分工的程度和在国际贸易中的真实贸易利得（张杰等，2013）。

关于附加值的研究可以分为两类：第一类文献大多集中于企业出口的 DVAR 的理论推导和测算方法及其改进方法（Koopman et al.，2012；Upward et al.，2013；张杰等，2013；Koopman et al.，2014；Kee and Tang，2016）。尽管测算方法和测算结果存在不同，但是从已有研究中可以看出，2000—2006 年中国企业的平均 DVAR 呈现上升趋势。张杰等（2013）测算数值显示中国出口 DVAR 从 2000 年的 49% 上升到 2006 年的 57%，总体上升了大约 8 个百分点，其他研究和本书测算结果也有类似的结论。现有研究大多集中于第二类文献，即对影响中国企业出口 $DVAR$ 的各种因素的分析。余森杰和崔晓敏（2018）认为，人民币贬值可以影响进口和国内中间投入品的配置，通过提高国内原材料和中间投入品的使用比例，进而提高企业的成本加成率和企业出口的 $DVAR$。崔晓敏等（2018）认为，最低工资改革后，劳动力成本上升促使企业进行要素替代，进而降低了企业出口的 $DVAR$，但是这一作用对加工贸易企业影响较小。高翔等（2018）认为，要素市场扭曲通过抬高国外和国内中间要素相对价格渠道进而造成中国出口 $DVAR$ 的上升，但是并没有考虑其在不同贸易方式层面的异质性影响差异。毛其淋和许家云（2018）认为，中国加入世界贸易组织（WTO）后，《外商投资产业指导目录》修订变化是造成中国企业出口 $DVAR$ 上升的原因，但是仅考虑了产品或者行业层面的变化，并且在实证部分仅保留了外资管制放松的行业作为实验组，将其他未发生变化的行业作为对照组，而对于外资管制加剧的行业并没有考虑在内。除此之外，不同贸易方式中都含有外资管制变化的行业，占 6%—8%，因此在不同贸易方式中都存在影响。

可以看出，第二类研究大多没有或者较少考虑不同贸易方式的影响，从本书测算数据和已有研究的测算数据来看，2000—2006 年中国企业出口 $DVAR$ 上升趋势主要来源于加工贸易企业和混合贸易企业，而一般贸易企业出口 $DVAR$ 并没有明显变化。彭支伟和张伯伟（2018）使用中国数据通过数值模拟方法发现中国在加工贸易部门所得产出份额在 2003 年以后出现了大幅上升，时间点与加工贸易转型升级战略重合，但是文章没有进一步剖析其中的原因。毛其淋和许家云（2019）研究发现，贸易自由化显著提高了企业出口的国内附加值率，但是这一效应随着出口企业参与加工贸易的程度加深而减弱，并且分组检验结果发现最终品贸易自由化对纯加工贸易企业的影响程度远小于一般贸易企业和混合贸易企业，同时中间投入品贸易自由化对纯加工贸易企业并不存在影响，进而基本上可以排除2001年中国加入WTO对加工贸易企业平均出口 $DVAR$ 变化的影响。段玉婉和杨翠红（2018）按照附加值来源和出口路径对各地区的出口进行分解，具体分为本地加工出口获得的附加值、通过沿海加工出口获得的附加值和通过内陆加工而实现的附加值三种类型。其研究发现，加工出口比重的不同是造成各地区出口的附加值来源差异巨大的一个重要原因。例如，2007年，南部沿海地区和西南地区的对比，加工贸易出口占本地出口比重分别为63.8%和16.2%，但是本地加工出口获得的附加值率分别为36.6%和67.2%，这说明加工贸易出口比重越高，则本地加工出口获得的附加值率反而越低。

上述文献虽然提到了加工贸易是影响中国企业出口 $DVAR$ 变化的重要原因，但是并没有指明在加工贸易和一般贸易方式中存在差异的原因是什么？或者说，是什么潜在影响因素或者国家政策触发了加工贸易的变化，进而导致了上述差异？目前来看，对此还没有研究给出明确的解释。综合已有研究，本书认为，导致中国企业 $DVAR$ 上升的原因与贸易方式密切相关，而国家相关贸易政策的变化更可能是其中的重要影响因素。国家政策能否起到推动转型升级中的积极作用，已经有大量的研究给出了肯定的证据（Pipkin and Fuentes，2017；Brandt and Thun，2016）。那么，企业出口国内附加值率的变化与加工贸易转型升级战略是否存在联系？本书认为，加工贸易转型升级战略的目标之一是促进加工贸易生产链的延伸和附加值升级。在加工贸易转型升级战略影响下，政策目标很可能将实现，但是具体需要在本章后文中进行验证。

四、产业政策对资源配置效率的影响

本书研究对象的主线是企业的出口贸易，除此之外，本书也研究了加工贸易转型升级战略对企业资源配置效率或者全要素生产率的影响。

产业政策是否可以对企业全要素生产率产生影响？现有研究一般肯定了产业政策对企业生产率的正向作用。Aghion 等（2015）研究发现，产业政策可以加强产业内部竞争，优化资源的配置效率，进而提升企业生产率。Krueger 和 Tuncer（1982）对土耳其产业政策的研究表明，关税保护并没有有效提升相关行业的生产率。具体到开发区层面，向宽虎和陆铭（2015）认为，开发区政策可以降低企业的交易成本，进而促进企业生产效率。相反，也有学者发现，在中国欠发达地区的地方政府为了短期的经济增长而偏离产业政策，使产业政策无法有效落实（孙早和席建成，2015）。地方政府出于发展本地经济的动机，因为信息不对称导致企业过度投资，进而降低了资源配置效率，难以有效发挥产业政策的作用（王克敏等，2017）。已有研究的侧重点各有不同，但是研究思路和方法对本书有很大启发和借鉴意义。

那么，加工贸易转型升级战略是否可以影响加工贸易企业的生产效率？Melitz（2003）认为，资源从效率低的企业向效率高的企业转移，或者企业的生产经营方式从效率低的活动转向效率高的活动，那么政策将有利于资源配置效率的改善，否则，产业政策将带来扭曲进而造成"资源错配"(Syverson, 2004)。也有研究认为政策改革应以"提高生产率"为标准和主线推进经济转型升级（刘志彪和陈柳，2014）。我们认为，生产率可以反映企业成本和绩效变化，政策可能存在"挤出效应"从而增加了运营成本，也可以激励企业增加研发投入进而提高生产率。因此，本书认为加工贸易转型升级战略对企业的全要素生产率的影响，也可以反映加工贸易企业资源配置效率的变化。

本书认为，在加工贸易转型升级战略的影响下，企业可能因为政策目标导向或者扶持而提高全要素生产率，也可能需要对生产模式和出口模式进行调整而降低了生产效率。加工贸易转型升级战略的目标包括优化经营主体结构、调整进口商品目录等方面，进而给加工贸易企业带来了"调整成本"，因而可能存在政策的"挤出效应"（Ahmed and Miller, 2000）。那么，加工贸易转型升级战略可能导致加工贸易企业在短期内因为政策的"挤出效应"而降低了生产率，但是长期也可能存在正向的政策效应，从而逐步超过负向的"挤出效应"的影响。

第二节 关于加工贸易梯度转移的文献综述

产业转移是经济发展和区域间发展不平衡的产物，发达国家（或地区）相对落后的产业倾向于向欠发达国家（或地区）转移。第二次世界大战以来，国际共有三次产业转移高潮。第一次为20世纪50年代，美国向日本、西德等国转移钢铁、纺织等传统产业。第二次为20世纪60年代至80年代，日本、西德等国向亚洲"四小龙"等新兴工业化国家和地区转移附加值较低的劳动密集型和资源密集型产业。第三次为20世纪90年代以来,中国因奉行改革开放的国策承接了欧美和日本等发达国家和亚洲"四小龙"等新兴工业化国家或地区的大量劳动密集型产业,中国成为第三次国际产业转移最大的受益者。

中国之所以是吸纳国际产业转移最多的国家,主要优势在于巨大的人口红利为劳动密集型产业提供了大量熟练劳动力和人才储备。已有研究表明,低廉的用工成本吸引了大批发达国家的出口加工等劳动密集型产业、投资和技术转让(Fujita and Hu, 2001; Kirkegaard and Jacob, 2008)。中国出口的大幅度提升与其融入全球价值链的国际分工过程直接相关,加工贸易促进了中国对外贸易的技术升级(Lemoine and Ünal-Kesenci, 2004)。此外,产业转移提高了中国出口结构的复杂程度(Xu and Lu, 2009)和加工贸易企业的生产效率(Kim, 2017),以及降低了能源消耗(Zhao and Yin, 2011)。但是,也有学者提出了相反的观点,认为产业转移非但不能促进承接地区的经济发展,高污染企业迁入也导致了承接地区能源的过度消耗和环境污染(Pao and Tsai, 2011)。而且,现有的产业承接模式阻碍了承接地区的产业升级(刘友金和吕政,2012),导致了要素资源的空间错配(谢呈阳等,2014)。

一、加工贸易梯度转移与企业出口

企业动态实际上反映了市场的资源配置过程,企业进入和退出体现了相对动态的资源配置,在位企业市场份额变化体现了相对静态的资源配置,企业动态伴随着地区或者行业的经济增长过程(Dunne et al., 2013)。

1. 企业进入行为。

由于新进入企业一般在规模和生产设备等方面相比在位企业处于劣势，因而企业进入对经济增长的影响常常被忽略（李坤望和蒋为，2015）。但是，企业进入可能带来新的资源和技术，通过市场的自选择效应促使高生产率企业进入市场，企业进入越活跃则市场增长动力越强，这在"新熊彼特增长模型"中有所体现（Acemoglu et al.，2018）。中国的经验证据也表明，企业进入是导致中国加入WTO以后出口和工业产值高速增长的重要原因（毛其淋和盛斌，2013；李坤望和蒋为，2015）。

在本书研究案例中，加工贸易转移政策为承接地区发展加工贸易提供了优惠贷款和完善交通基础设施等支持措施，这些措施有助于降低当地加工贸易企业的融资成本和交通运输成本。由于出口企业相较于内销企业面临着更高的生产成本，既包含在国际市场的信息搜集、确定和维护贸易伙伴的成本，也包含国际运输费用、资金垫付与周转等成本，更包含为了维持产品竞争力而投入国际销售网络和研发创新的成本（David and Richard，2010）。若优惠措施足以弥补和降低企业的融资和交通等生产成本，将有助于促进承接地区企业从事加工贸易方式出口（Nagaraj，2014；Chen et al.，2020），同时加工贸易企业从东部地区大量迁入中西部地区也成为可能。如果新进入企业的出口水平相比在位和退出企业更高，将进一步提升市场整体的企业平均出口水平。因此，企业进入可能促使高出口水平加工贸易企业进入承接地区，并促进当地出口。

2. 在位企业市场份额变化。

产业跨区域转移可能并非如上述理论分析的简单逻辑。从理论上看，Solow（1956）认为，单一要素的边际报酬是递减的，当资本劳动比较低时，资本将由劳动成本较高的地区流向劳动成本较低的地区，具体载体为产业转移。但是，相对于资本流动，中国的劳动力迁移有效降低了发达地区的资本劳动比。樊士德等（2015）认为，劳动力要素是可以自由流动的，劳动力外流刚性阻碍了产业的跨区域转移。特别是，在地区间工资水平差距不大或者运输成本较高的情况下，大规模的产业跨区域转移并不现实（刘友金和吕政，2012；王思文和祁继鹏，2012）。

对于加工贸易这种特殊的贸易模式，其具有典型的"两头在外"的特征，即原材料供应和销售市场均在国外，国外合作商与国内代工企业一般是合作关系（刘晴和徐蕾，2013）。那么，国外合作商可以将加工贸易订单或者业务交给承接地区的优势企业进行代工生产，而非将企业转移到中西地区或者在当地重新建厂。由于在位企业在规模、生产设备等方面相较于新进入企业具有优势，进而在承接转移订单方面具有优势，因而在位企业出口份额提升可能是当地出口增长的重要途径（Dunne et al., 2013）。随着承接地区在位企业整合本土的资源和转移而来的订单，可以有效避免劳动力外流，进而成为加工贸易梯度转移的一种可行选择。特别是对于大规模在位企业来讲，其优势相比小规模在位企业更为突出，进而可能争取更多的加工贸易订单。因此，加工贸易转移政策可能通过促进在位企业出口扩张，进而促进承接地区出口。

二、加工贸易梯度转移与企业利润率

1. 加工贸易转移政策对企业利润率的平均影响。

新古典经济学认为，企业利润最大化是其生产经营的主要目标（刘灿雷等，2018；谢红军和吕雪，2022）。企业能否获得超额利润或者完全竞争市场的零利润,是其在市场能否持续生存的基础。同时,从顶层设计角度看,产业政策能否持续推进需要考虑受规制企业的盈利状况等绩效变化。因此,我国的产业政策一般会实施一系列的优惠措施,并且是影响企业利润来源的非市场化因素(张杰等,2011)。现有研究表明,我国的外资政策、工资政策、环境政策等产业政策是影响企业利润率变化的重要因素(邓曲恒,2015;刘灿雷等,2018;葛静芳等,2021)。对于承接地区来讲,加工贸易转移政策要求当地提供银行贷款支持和完善基础设施等优惠措施,这些"政策租"有助于当地加工贸易相关产业的集聚(王永进和张国峰,2016)。同时,优惠措施在短期内可以降低当地加工贸易企业的融资成本,以至于使其获取超出正常水平的利润。但是,优惠措施也促进了市场竞争,企业为了"政策租"而进入市场,长期内市场竞争终将取代非市场化政策因素的影响,市场利润率重新接近于完全竞争市场情况下的水平。总体上看,加工贸易转移政策在初期带来了正向超额利润,市场进入加剧市场竞争,并迫使市场利润率趋于下降,直至市场利润率接近于零,市场进入才会恢复正常水平。因此,加工贸易转移政策发挥效力的同时,承接地区加工贸易企业的利润率将在短期内大于零,在长期内趋近于完全竞争市场的零利润。因此,加工贸易转移政策可能促进承接地区加工贸易企业平均利润率的提升。

加工贸易转移政策对承接地区企业利润率的提升作用与其优惠措施密切相关。一方面,加工贸易转移政策给予银行优惠贷款等措施有效缓解了承接地区加工贸易企业的融资约束程度,进而变相降低了企业参与出口的总成本(David and Richard,2010;Chen et al.,2020)。随着企业的融资约束下降,企业的融资成本也下降,导致企业生产产品的边际产出相对于边际成本得到提升，最终有助于提高企业的盈利水平（刘啟仁等，2015；李宏亮和谢建国，2018）。另一方面，承接地区需要加强交通等基础设施建设。新地理经济学认为，发达的基础设施能够降低运输成本，提升企业盈利水平，促进相关企业向某一地区集聚，进而促进当地经济发展（Krugman，1998；McCann and Shefer，2004；王永进和盛丹，2013；朱文涛等，2022）。因此，加工贸易转移政策提供的银行贷款支持和完善基础设施等优惠措施可能是提升企业利润率的原因。

2. 加工贸易企业利润率呈现"∩"形的理论基础。

相较于内销企业，出口企业面临更高的生产成本，既包括国际市场的信息搜集、确定和维护贸易伙伴的成本，也包括国际运输费用、资金垫付与周转等成本和风险，更包括为了维持产品竞争力而投入国际销售网络和研发创新的成本（David and Richard，2010）。高昂的生产成本限制了企业的出口决策和贸易方式的选择（Manova and Yu，2012；Nagaraj，2014；罗伟和吕越，2015）。随着加工贸易承接地区给予的贷款支持和完善基础设施，企业的融资成本和生产成本将趋于下降，变相降低了企业参与出口的成本约束，此时承接地区加工贸易企业的市场进入将增强（Nagaraj，2014；Chen et al.，2020）。伴随着市场进入，加工贸易转移政策同时带来了作用方向相反的"集聚效应"和"竞争效应"（王永进和张国峰，2016；赵瑞丽等，2019）。因此，加工贸易转移政策可能激励承接地区加工贸易企业的市场进入。

现有研究表明，政府实施的产业政策通常有助于劳动、资本、知识和技术等方面生产要素的集聚（李娅和伏润民，2010；孙晓华等，2018）。同理，加工贸易转移政策的优惠措施可以促进加工贸易产业生产网络的本地化,最终促进承接地区的产业集聚。一般认为,产业集聚是具有一定关联的企业在空间范围内集聚的经济现象,产业集聚的作用基于劳动力蓄水池(labor pool)、中间投入共享(input share)和知识溢出(knowledge spillover)(Marshall,1961;苏丹妮等,2018)。产业集聚通常可以带来正向的经济外部性,主要体现为促进承接地区企业间的资源互补和良性竞争、降低交易成本和风险以及促进上下游产业生产链的深度结合(Jacobs,1969;Rosenthal and Strange,2004),进而改善市场的资源配置效率和提升企业利润(Hu et al.,2015)。因此,"集聚效应"可能是加工贸易企业利润率呈现"∩"形前半段变化的原因。

同时,市场进入将增强承接地区企业间的竞争(Melitz,2003;Syverson,2004;Lu et al.,2014;黄健柏等,2006;谢呈阳等,2014)。在有限时期内,适度的市场竞争可以提高市场活力,进而改善企业的经营绩效(Nickell,1996)。但也有研究发现,产业转移带来的"竞争效应"最终导致要素资源的空间错配,以及经济效率损失(谢呈阳等,2014)。一般认为,市场竞争将促使市场份额均匀化分布,市场竞争程度与企业利润率呈现负相关关系(Lee,2008;Dai and Guo,2020)。基于微观经济学理论(microeconomic theory),假设在完全竞争市场的前提下,当市场存在超出一般利润的超额利润时,将会引起新的厂商进入市场,直到市场不存在超额利润为止(Martin,1993)。Schwalbach等(1989)认为,市场进入将促使市场结构变化,并且导致市场利润收敛到新的均衡点以及市场中企业利润率的快速趋同。此外,企业可能为了获得"政策租"而进入市场,从而不能带来一般意义上的产业集聚(郑江淮等,2008)。随着优惠政策在短期内的激励作用逐步由市场在长期内的主导作用取代,"集聚效应"对企业利润率的正向作用将逐步减弱(王永进和张国峰,2016)。随之而来的是,"竞争效应"对企业利润率的抑制作用将逐步凸显出来。在长期内,"竞争效应"将使存在超额利润的市场重新趋于完全竞争状态,此时承接地区与非承接地区企业利润率的变化将重新归于市场调节,不同地区企业利润率的变化将逐步趋同。因此,"竞争效应"可能是加工贸易企业利润率呈现"∩"形后半段变化的原因。

第三章 加工贸易转型升级战略对企业出口的影响

第一节 加工贸易转型升级战略的政策基础

一、关于加工贸易转型升级战略的介绍

加工贸易在中国对外贸易的发展史中占有重要地位,在充分发挥我国劳动力比较优势,推动我国经济增长等方面的贡献毋庸置疑。中国的加工贸易是在经济全球化和国际分工不断深化的背景下,依赖劳动力、土地等低成本因素,承接国际产业转移而发展起来的。但是,随着经济的发展,加工贸易面临的问题慢慢凸显出来,如出口企业处于全球价值链的低端、产业结构较为单一、生产产品技术含量低等,随着劳动力、土地、资源等成本逐渐上升,环境压力越来越明显。要想使企业向"微笑曲线"两端延伸,提升产业竞争力,必须推动加工贸易转型升级,需要借力政策创新为加工贸易产业拓展空间。

因此,促进加工贸易行业的转型升级很快引起了国家的重视并提上了日程。2003年在党的十六届三中全会上,中国首次在党内明

确提出推动加工贸易转型升级的国家战略方针。2003年之后，我国又陆续出台了多个促进加工贸易转型升级的政策文件。表3-1列出了2003年以来我国推动加工贸易发展的主要政策文件，包括提高加工贸易企业的技术含量和附加值、促进经营主体多元化等战略目标。

由表3-1列出的政策文件可知：第一，加工贸易转型升级战略是在党的十六届三中全会上首次提出的，商务部等多部门均采取了实质行动，并且制定出了具体的政策文件，受到了国家的高度重视。第二，鉴于加工贸易发展滞后的现实情况，各部委提出了相对具体的政策目标，但是政策的根本目标是促进加工贸易的转型升级。第三，加工贸易转型升级战略是具有持续性的国家战略，措施持续推进至今，但总体目标基本不变。

表3-1　　　　　　　加工贸易相关政策整理

实施时间	会议、政策文件等	涉及范围	政策要点
2003年10月	党的十六届三中全会通过《中共中央关于完善社会主义市场经济体制若干问题的决定》	加工贸易方式中的所有行业	首次明确提出加工贸易转型升级的战略任务，政策目标主要包括积极引进更高技术水平、更大增加值含量的加工制造环节，提高出口产品的质量和附加值。并且，促进加工贸易企业经营主体的多元化
2004年开始	《加工贸易禁止类商品目录》	列在该目录中加工贸易行业海关HS代码对应的产品	2004年11月起，商务部先后7次调整加工贸易禁止类目录，总计1800多种产品列入禁止目录
2005年11月	《出口加工区加工贸易管理暂行办法》	具有出口加工区的城市	促进加工贸易健康发展，着力吸引技术水平高、增值含量大的加工贸易企业进入加工贸易区

续表

实施时间	会议、政策文件等	涉及范围	政策要点
2006年开始	《关于支持中西部地区承接加工贸易梯度转移工作的意见》	城市层面，第一批承接地：南昌、赣州等9个中部地区城市。第二批名单有22个中西部城市，第三批名单有13个城市	引导东部地区劳动密集型加工贸易企业到中西部发展，先后确定了44个加工贸易梯度转移承接地。目标是到2010年培育形成50个优势明显、各具产业特色的中西部加工贸易重点承接地
2007年10月	党的十七大指出加快转变外贸增长方式	加工贸易和一般贸易行业，主要是加工贸易行业	面对加工贸易出口下滑，立足以质取胜，调整进出口结构，促进加工贸易转型升级，大力发展服务贸易
2010年以来	商务部会同人力资源和社会保障部、海关总署开展转型升级示范试点	省级和地级市层面，苏州市、东莞市，以及对应的58个试点企业	先后在江苏苏州和广东东莞开展加工贸易转型升级试点并确定58家转型升级示范企业，在珠江三角洲地区开展全国加工贸易转型升级示范区建设
2011年11月	商务部、发展改革委、工业和信息化部、国家税务总局联合发布《关于促进加工贸易转型升级的指导意见》	加工贸易所有行业和梯度转移地区	优化加工贸易产品结构，提高技术含量和附加值；促进加工贸易向产业链高端发展，延长加工贸易国内增值链；促进加工贸易有序梯度转移，优化加工贸易区域布局
2016年1月	国务院关于促进加工贸易创新发展的若干意见	加工贸易所有行业和企业	着力推动转型升级，以市场为导向，发挥企业主体作用，提高盈利水平。发挥政策引导作用，支持加工贸易企业向海关特殊监管区域集中，增强可持续发展能力。延伸价值链，提高加工贸易在全球价值链中的地位

续表

实施时间	会议、政策文件等	涉及范围	政策要点
2021年12月	工业和信息化部联合其他部门发布《关于促进制造业有序转移的指导意见》	加工贸易等制造业	推动制造业有序转移，是优化生产力空间布局、推动区域协调发展、拓展制造业发展新空间的重要途径，是保持产业链供应链稳定、维护我国产业体系完整性、加快构建新发展格局的迫切需要
2023年4月	国务院发布《关于推动外贸稳规模优结构的意见》	加工贸易等外贸产业	外贸是国民经济的重要组成部分，推动外贸稳规模优结构，对稳增长稳就业、构建新发展格局、推动高质量发展具有重要支撑作用
2024年1月	国务院发布《关于促进东部产业向中西部转移的指导意见》	加工贸易等制造业	加工贸易向中西部转移政策的实施，将有助于促进中西部地区的产业升级和经济发展

注：本表中内容是从国家各部委网站整理所得的，部分年份或者省市级的会议和文件不再具体列出。

二、政策目标的提炼

从表3-1中可以看出，加工贸易转型升级战略得到了各部委的积极参与。从2003年开始，商务部、国家发展改革委、工业和信息化部、人力资源和社会保障部等部门根据任务要求制定了相对具体的目标，并且，2003年后国家一直在推进加工贸易发展政策的出台和更新，但是政策的总体目标变化不大。相关政策的持续推进将对产业结构、产品结构、技术水平等方面产生影响，政策的主要目标是吸引更高技术水平、更大增值含量的加工制造环节企业和研发机构进入。

第三章 加工贸易转型升级战略对企业出口的影响

加工贸易转型升级战略的政策目标可以概括为以下几点：第一，继续发展加工贸易，促进生产模式进一步优化和产品结构不断完善。第二，促进经营主体多元化，逐步提高民营企业的出口比重。第三，产业链条不断延伸，从简单加工向深加工转变，提高深加工结转业务。其整体目标是通过调整加工贸易企业的生产模式和战略，实现产业结构优化升级，这和我国当前经济发展的诉求不谋而合。第四，促进加工贸易梯度转移，由东部地区向中西部欠发达地区转移。

从加工贸易转型升级战略的政策目标角度来看，我们得到如下几点启发：第一，政策要求延伸加工贸易的生产链，不断提高出口产品的生产工艺、技术含量和附加值，从政策目标导向来看，加工贸易转型升级战略将有利于提高加工贸易企业出口的国内附加值率，反映在改善出口的"质量"上。第二，政策要求改变加工贸易企业粗放型的生产模式和出口模式。为了满足政策文件的要求，企业只有升级原有的生产工艺和销售模式，进而带来了成本调整。同时，政策也要求逐步转移东部地区的加工贸易企业到中西部地区，因而有些企业甚至将停产。由于政策对企业原有生产路径的干扰，最终将影响企业的资源配置状况，进而对企业的出口量和资源配置效率带来负面影响，因而降低了企业出口的"数量"和生产效率。第三，政策要求促进经营主体的多元化。随着国有企业逐步退出出口行业，政策主要体现在对民营企业的扶持，因而可能涉及加工贸易中外资企业的退出和民营企业的进入，并可能影响企业贸易方式。因此，加工贸易转型升级战略可能将对企业的动态变化产生影响，企业动态也可能在政策对企业出口的影响中起着调节机制作用。

第二节 典型事实

本书首先根据企业的贸易方式划分出企业的类型,将仅从事加工贸易方式的企业作为加工贸易企业,主要包括进料加工贸易企业和来料加工装配贸易企业;将仅从事一般贸易方式的企业作为一般贸易企业,同时从事两种贸易方式的企业作为混合贸易企业。然后,根据不同贸易方式企业,分别计算出历年平均的出口量和国内附加值率的数值。可以推断,加工贸易转型升级战略的作用对象主要是加工贸易企业,如果加工贸易转型升级战略可以起到实质性作用,那么加工贸易企业的出口量和国内附加值率在政策实施后将有所变动,同时作为对照的一般贸易企业相对来说应当变动不大。因此,我们主要观察不同贸易方式企业出口的相对变化,并通过相互对比来判断加工贸易转型升级战略是否可能起到了实质性作用。

一、企业出口量的变化

我们首先从企业层面分析不同贸易方式下的企业出口量差异,主要观察 2003 年前后加工贸易企业出口量的变化趋势,如表 3-2 所示。其中,企业出口量使用企业出口额除以不变基期出口价格指数后取对数表示,企业出口额数据来源于中国海关数据库。

从表 3-2 可以看出,一般贸易企业的年平均企业出口量相较于加工贸易企业和混合贸易企业更低。从 2006 年相对 2003 年的变动差额来看(如表 3-2 中"差额 2"),一般贸易企业仅增长了 0.11,加工贸易企业减小了 0.01,混合贸易企业增长了 0.04。因此从数据来看,加工贸易企业和混合贸易企业对于中国企业平均出口量的提升具有拖累作用,其中加工贸易企业的作用最大。表3-2中"差额1"表示2003年企业平均出口量相对2000年的变动额,"差额2"表示2006年企业平均出口量相对2003年的变动额。从"差额1"来看,不同贸易方式企业出口量的变动差额差异不大,但是较大变动发生在2003年以后,这与加工贸易转型升级国家战略开始实施的时间点重合。

表3-2　　　　按贸易方式区分不同企业出口量的年平均数值

贸易方式	2000年	2001年	2002年	2003年	2004年	2005年	2006年	差额1	差额2
一般贸易	12.67	12.73	12.81	12.86	12.93	12.92	12.97	0.20	0.11
加工贸易	12.98	13.02	13.08	13.16	13.13	13.13	13.15	0.18	-0.01
混合贸易	13.77	13.91	13.96	13.96	13.98	13.95	14.00	0.19	0.04

注:"差额1"为不同贸易方式企业年平均出口量数值2003年相对2000年的差额,"差额2"为不同贸易方式企业年平均出口量数值2006年相对2003年的差额。

从表3-2还可以看出,由于加工贸易企业出口量在2003年之后发生了明显变化,基本可以判断加工贸易转型升级战略具有政策效力。如果加工贸易转型升级战略能够产生实质性的政策影响,那么可能降低加工贸易企业的平均出口量。其背后原因在于:第一,在加工贸易转型升级战略要求下,加工贸易企业需要调整生产模式和出口模式,甚至需要引进符合加工贸易转型升级战略要求的新技术和设备,从而增大了企业的运营成本,而从企业出口角度衡量的绩效变化可以体现在出口量的变化。除此之外,企业因为政策带来了调整成本,扭曲资源配置,最终降低了生产效率。第二,加工贸易转型升级战略的目标之一是优化经营主体的结构,而经营主体结构变化与企业动态变化密切相关。加工贸易转型升级战略调整企业出口的过程，可能伴随着企业动态（进入、退出、生存和贸易方式转化）的过程。在政策的影响下，市场调节机制对于不符合政策要求的企业很可能是一种淘汰机制，而不符合加工贸易转型升级战略要求的加工贸易企业很可能将退出市场。

二、企业出口国内附加值率的变化

本书先参照 Kee 和 Tang（2016）的方法测算企业出口的国内附加值率（$DVAR$）的数值，然后分别求出不同贸易方式企业的年平均 $DVAR$ 数值，统计数据如表 3-3 所示。可以看出，一般贸易企业的出口 $DVAR$ 数值变化不大，纯加工贸易企业出口 $DVAR$ 比一般贸易企业低 36.6% 左右。2006 年相对 2003 年的变动差额来看（如表 3-3 中"差额 2"），一般贸易企业仅增长了 0.1%，纯加工贸易企业增长了 5.4%，混合贸易企业增长了 3.6%。因此，对于中国企业出口 $DVAR$ 的提升，一般贸易企业的贡献度较小，主要是加工贸易和混合贸易企业出口 $DVAR$ 的上升导致。表中"差额 1"表示 2003 年 $DVAR$ 数值相对 2000 年的变动额，"差额 2"表示 2006 年 $DVAR$ 数值相对 2003 年的变动额，可以看出较大变动发生在 2003 年以后，从 $DVAR$ 随时间的变化趋势来看，这与实施加工贸易转型升级战略的时间点重合。

表 3-3　按贸易方式区分不同企业国内附加值率均值变动表　单位：%

贸易方式	2000 年	2001 年	2002 年	2003 年	2004 年	2005 年	2006 年	差额 1	差额 2
一般贸易	89.2	89.5	89.6	89.5	89.5	89.3	89.6	0.3	0.1
加工贸易	51.6	52.1	50.4	51.3	52.5	54.9	56.7	-0.3	5.4
混合贸易	68.9	68.5	69.4	69.8	69.6	71.5	73.4	0.9	3.6

注："差额 1"为不同贸易方式企业出口 $DVAR$ 数值 2003 年相对 2000 年的差额，"差额 2"为不同贸易方式企业出口 $DVAR$ 数值 2006 年相对 2003 年的差额。

从表 3-3 可以看出，由于加工贸易企业出口的国内附加值率在 2003 年之后发生明显变化，因而可以判断加工贸易转型升级战略产生了政策效力。而从政策效果来看，加工贸易转型升级战略很可能提高了企业出口的国内附加值率。本书认为，促进加工贸易企业从低附加值向高附加值升级是加工贸易转型升级国家战略的重要目标之一。从数据来看，中国加工贸易企业出口的国内附加值率普遍低于一般贸易企业（Koopman et al.，2012）。提高加工贸易企业的国内附加值意味着改变了出口企业简单加工组装的低端生产模式，这有利于提高加工贸易企业对国内资源的利用率。因此，国内附加值率上升反而是提高企业出口"质量"的重要体现。

除此之外，加工贸易转型升级战略可能通过影响企业的动态变化进而调整资源的重新配置。政策目标之一也要求不断提高出口企业的经济主体结构的优化程度，研究表明加工贸易方式中外资企业出口比重达 80% 以上（Lu et al.，2010），因此经营主体结构的优化主要体现在民营和国有企业数量及出口比重的增大。统计数据显示，外资出口企业的国内附加值率显著低于民营和国有企业，大约低 13 个百分点。其中，一般贸易中外资企业数量大约占 46%，而加工贸易中外资企业数量大约占 87%。特别是来料加工贸易具有"两头在外"的典型特征，企业原材料和产品销售几乎全部在国际市场，国内资源或者中间品的利用率不高。本书认为，加工贸易转型升级战略可能促进了经营主体的结构调整，加工贸易中较低附加值的外资企业更可能退出市场，较高附加值的民营企业则会进入市场。

三、加工贸易转型升级战略对企业出口影响的结构性差异

我们进一步对表 3-2 和表 3-3 的数据分析结果进行总结。加工贸易转型升级战略可能需要加工贸易企业调整原有的生产模式和出口模式，进而弱化企业的资源配置状况，最终降低企业的出口量。因此，政策效应对加工贸易企业出口"数量"起抑制作用。相反，加工贸易转型升级战略的目标之一为逐步引导加工贸易企业不断延伸生产链，提高企业出口的附加值。从表 3-3 可以看出，政策效力可能提高了加工贸易企业出口的国内附加值率，这体现在提高了企业出口的"质量"。加工贸易转型升级战略对企业出口的影响在"数量"和"质量"两个维度存在着显著的结构性差异，可将其称为加工贸易转型升级战略对企业出口影响的结构效应。究其原因在于，受规制的加工贸易企业因为政策目标的导向，企业所做出的调整长期内将与政策目标保持一致。例如，延伸生产链的政策目标，这将如指挥棒一样引导加工贸易企业逐步调整生产战略和出口模式，最终将可能逐步靠近促进附加值升级的既定目标。但是，在加工贸易转型升级战略影响下，受规制企业因政策要求而需要不断调整生产模式和出口模式，从而对企业原有的生产和出口路径产生干扰。加工贸易转型升级战略带来的调整成本将扭曲资源的配置状况，最终将可能降低企业的生产效率和出口量。

从不同维度看，产业政策的影响可能存在不同。因此，加工贸易转型升级战略既可以降低加工贸易企业的出口量，同时也可以提高企业出口的国内附加值率，两者并存的结构性差异具有合理性。本章后文实证检验部分将进一步求证，加工贸易转型升级战略对企

业出口影响的结构效应是否真实存在。如果存在,这将对未来中国相关产业政策的出台和修订具有很强的借鉴意义。

第三节 数据来源与研究设计

一、数据来源

本部分主要使用中国海关数据库和工业企业数据库两套数据。海关企业层面数据最早起始于2000年,相比工业企业数据较晚,我们将研究的起始时间点定为2000年,将研究的截止时间点定为2006年。主要原因如下:第一,数据的不准确性。2007年以后海关数据"贸易方式"栏下存在大量空白,同时缺失"一般贸易"标注,但是通过我们核对数据发现,空白部分不等价于"一般贸易"。第二,受美国房地产市场次级贷款危机的影响,从2007年2月开始,中国出口贸易出现下滑,其中加工贸易出口下滑速度更大,因此不能剔除2007年美国次贷危机等外在因素影响。

1. 关于海关数据库的整理。

海关数据库是海关总署产品层面的交易数据,按照月度记录了进出口企业的每一笔交易数据,数据内容包括企业名称、电话号码、邮编、以美元计价的进出口金额、进出口产品的8位数HS编码、目的地、交通方式、贸易方式、企业类型等信息。我们根据出口企业从事的贸易方式识别出企业贸易类型,将标注为"一般贸易"的企业归类为一般贸易企业,将标注为"进料加工贸易"和"来料加工装配贸易"的企业归类为加工贸易企业,从事加工贸易和一般贸易方式的企业出口额占全国总出口额的98%左右,其他贸易方式因为不在研究范围，将其做剔除处理。因为有些企业兼顾一般贸易和加工贸易方式，将其识别出来并且归类为"混合贸易企业"。

2. 关于中国工业企业数据库的整理。

工业企业数据库涵盖了全部国有企业和产品销售额（主营业务收入）在500万元以上的非国有企业，行业范围为规模以上制造业企业，处理方法借鉴已有研究进行处理（Brandt，2012）。在研究区间，国民行业分类标准发生了变化，1998—2002年工业企业数据库使用的是国民经济行业分类标准（GB/T 4754—1994），2003—2007年工业企业数据库使用的是国民经济行业分类标准（GB/T 4754—2002），为使行业代码保持一致性，将其统一转化用GB/T 4754—2002行业分类标准。此外，我们根据中国国家统计局网站公布的历年行政区划代码，将工业企业数据库的地区代码统一转化。我们剔除了总资产、工业增加值、固定资产净值等变量缺失的数据。对于员工人数小于8人、总资产小于流动资产、总资产小于固定资产净值、累计折旧小于当期折旧等不符合会计规则的数据进行剔除处理。

3. 数据处理。

中国海关数据库提供了企业对外贸易的基本信息，但是缺少企业层面变量。由于国内附加值率和全要素生产率等指标的测算需要用到工业企业数据层面的变量，因此需要将海关数据和工业企业数据进行合并处理。此外，海关数据较为缺乏企业层面的指标来设置控制变量，引入工业企业数据可以构造更多企业和行业层面的控制变量，从而保证后文实证结果的客观性和准确性。

参照已有研究对于海关数据和工业企业数据合并的方法，将两者做合并处理（田巍和余淼杰，2012）。第一阶段直接按照公司名称进行匹配。第二阶段对于海关数据库中没有匹配上的数据进行第二次匹配，因为海关数据库和工业企业数据库中都有电话和邮政编码，我们使用电话后七位和邮政编码进行识别两个数据库相同企业。两者匹配后样本量占海关数据库的27.7%，占工业企业数据库的13.1%，样本具有一定代表性。

二、研究设计

加工贸易转型升级战略属于产业政策范畴。一般来讲，产业政策的实施具有一定的外生属性，对于受到产业政策影响的产业可能发生实质性影响，同时对于未受到产业政策影响的产业在理论上的影响微乎其微。因此，对于产业政策的实证研究一般适合使用双重差分法（DID模型），参照已有研究的做法，实证部分主要使用DID模型。

对于政策的评估面临如下问题：第一，产业政策的指标无法具体量纲，使用构建指标的方法可能无法准确度量政策效力。这不同于传统研究可以构造具体的指标来衡量政策效力，即使可以构造也将带来较大的内生性问题。第二，产业政策实施的同时，可能存在其他政策的潜在冲击，因而难以准确识别实验政策的真实影响。一般来讲，各个产业都受到了各种政策或者外部冲击的影响，例如，2007年以后，国际金融危机对出口贸易造成较大的干扰，不管是加工贸易方式出口还是一般贸易方式出口，都出现了下降。但是，加工贸易企业同时还受到加工贸易转型升级战略影响，如果不能排除其他政策或者外部冲击的干扰，我们可能误以为是加工贸易转型升级战略造成了加工贸易宏观层面出口的大幅下滑。第三，产业政策如果是基于产业以往发展趋势而制定，那就无法判断在政策实施后，产业趋势的变化是政策造成的，也是产业原有的发展趋势导致的，即存在内生性问题（Krugman，1983）。以往的实证方法均不能找到最合适的工具变量来剔除潜在的内生性影响，并且很难构造出可以有效地衡量政策效力的指标。

但是，双重差分法（DID 模型）相对于直接构造指标等方法的优势在于，通过实验组和对照组差分以及政策时间分界点前后差分，可以剔除产业政策以外的其他因素的干扰。而且，是否适合使用 DID 模型一般需要满足如下两个基本的假设：第一，存在产业政策的时间分界点，即产业政策实施的前后可以对比，可将 2003 年国家首次明确推动加工贸易转型升级的战略任务作为政策的时间分界点。第二，存在合适的对照组，即满足"双胞胎"假设，实验组和对照组需要满足平行趋势的假设。即在产业政策实施之前，实验组和对照组面临的国内政策因素或者外部环境等基本相似，从而产业发展趋势基本相同。一般来讲，我们仅需要对上述两个假设进行基本的检验，即可判断是否适合使用双重差分法。

对于第一个假设，由于加工贸易转型战略是属于产业政策范畴，在政策实施之前并不具有可预期性，因而具有一定的外生属性，因此满足第一个假设。对于实验组和对照组是否满足"双胞胎"的假设，即政策实施之前是否符合平行趋势的前提假设，一般可以使用画图法和实证方法进行检验。在本章，我们首先使用画图法对此进行判断，后文再使用动态检验方法做进一步的验证。

我们将加工贸易企业归类为实验组，一般贸易企业归类为对照组，将与加工贸易企业和一般贸易企业相似的混合贸易企业分别归类到实验组和对照组。首先绘制出实验组和对照组企业年平均的出口量和国内附加值率的变化趋势图，具体如图 3-1 和图 3-2 所示。

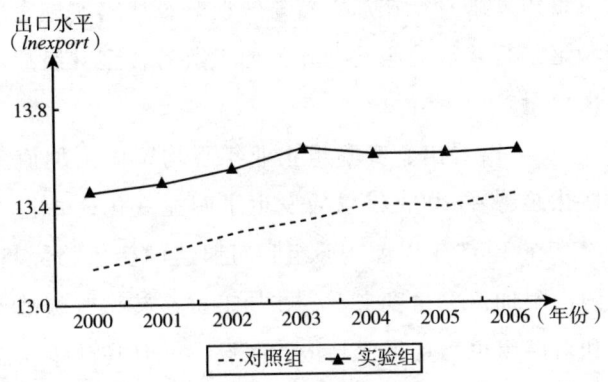

图 3–1 实验组和对照组企业出口量年平均数值的变化趋势

注:纵坐标轴表示企业的出口量。

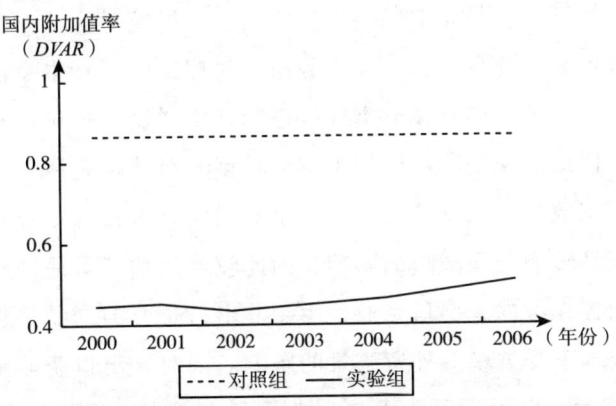

图 3–2 实验组和对照组企业国内附加值率年平均数值的变化趋势

注:纵坐标轴表示企业出口的国内附加值率。

从图 3–1 可以看出,实验组企业年平均出口量相较于对照组的变化趋势在 2003 年以后发生明显变化,并且出现相对下降。但是,在 2003 年以前实验组和对照组的变化趋势基本相同。因此,从企业出口量角度来看，在加工贸易转型升级战略实施之前实验组和对照组满足平行趋势的假设，并且加工贸易转型升级战略可能会降低企业出口量。

从图3-2可以看出，实验组企业年平均国内附加值率相较于对照组的变化趋势在2003年以后发生了明显变化，并且出现相对上升。同时，在2003年以前实验组和对照组的变化趋势基本相同。因此，从国内附加值率角度来看，在加工贸易转型升级战略实施之前实验组和对照组也满足平行趋势的假设，并且在政策实施后可能促使加工贸易企业进行附加值升级。

三、实验组和对照组的归类标准

我们将加工贸易企业归类到实验组，一般贸易企业归类到对照组，混合贸易企业分别归类到实验组和对照组。虽然本章前文没有对实验组和对照组的具体分类标准进行详细说明，但是本章后文将对此进行详细的说明。由于加工贸易转型升级战略是属于较为宏观层面的国家政策，从理论上讲，从事加工贸易方式的企业都可能受到加工贸易转型升级战略的影响，因此较难从加工贸易内部进行分组。我们首先考虑非出口企业，由于非出口企业的产品销售市场在国内，基本不受关税等外贸政策的影响。同时，出口企业中外资企业数量占70%以上，而非出口企业中仅有20%。因此，出口企业与非出口企业存在着较大差异。由于其不能很好地排除其他政策因素或者外部冲击的干扰，因而不适合作为对照组。

但是，同样是出口企业并且同时受到其他贸易政策和环境因素影响的一般贸易企业可以作为合适的对照组，同时加工贸易企业归类到实验组。由于混合贸易企业数量在样本中占较大的比重，大约占33%，如果将其剔除，将造成样本的大量损失。考虑到如果混合贸易企业中加工贸易方式出口额占总出口额的比重较大，则可能与加工贸易企业更为相似。同时，如果混合贸易企业加工贸易方式出口额占总出口额的比重较小，则可能与一般贸易企业更为相似。因此，本部分按照混合贸易企业的加工贸易方式出口额占总出口额比重的大小进行划分，使用四分位数法对混合贸易企业进行分组。最终，将混合贸易企业中［0%，25%］组的样本和一般贸易企业归类为对照组，将混合贸易企业中（75%，100%］组的样本和加工贸易企业归类为实验组，将混合贸易企业中（25%，75%］组的样本进行剔除以设置带宽。

混合贸易企业可以进行如上分组的依据具体如表3－4和图3－3所示。我们按照四分位分组方式分别求出［0%，25%］组、（25%，50%］组、（50%，75%］组和（75%，100%］组中企业的加工贸易方式出口比重的平均值、企业出口量的平均值和企业出口国内附加值率的平均值。具体的数据统计如表3－4所示，从表3－4中可以看出，在（75%，100%］组中，加工贸易方式出口额占总出口额比重的平均值达到97.10%，企业出口量（$lnexport$）数值为13.63和国内附加值率（$DVAR$）数值为46.73%，与加工贸易企业的平均出口量和国内附加值率数值比较接近。在［0%，25%］组中，加工贸易方式出口额占总出口额比重的平均值仅占3.22%，企业出口量（$lnexport$）数值为13.31和国内附加值率（$DVAR$）数值为87.24%，与一般贸易企业的平均出口量和国内附加值率数值比较接近。因此，最终选择的混合贸易企业样本分别与实验组和对照组具有相似性。本章后文实证部分进一步剔除混合贸易企业样本后再做精度检验，并且回归结果稳健一致，这说明该分组方法较为合理。

表 3-4　混合贸易企业按照加工贸易出口比重的四分位分组的数据统计

按照四分位分组	[0%, 25%]组	(25%, 50%]组	(50%, 75%]组	(75%, 100%]组
加工贸易方式出口比重的平均值	3.22	25.10	70.43	97.10
企业出口量的平均值	13.31	13.39	13.55	13.63
企业出口国内附加值率的平均值	87.24	80.16	63.77	46.73

注："加工贸易方式出口比重的平均值"和"企业出口国内附加值率的平均值"的单位为百分比，单位符号为%。"企业出口量"使用企业出口额用不变基期出口价格指数平减后取对数处理。

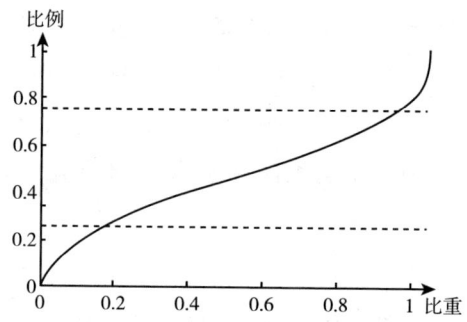

图 3-3　混合贸易企业按照加工贸易方式出口比重的分布

注："比重"表示混合贸易企业中加工贸易方式出口额占总出口额的比重，"比例"表示在相应比重下对应的企业数量占全部混合贸易企业的比例。

此外，本章按照混合贸易企业中加工贸易方式的出口比重分别求出对应企业数量占总企业数量的比例，具体如图 3-3 所示。从图 3-3 中可以看出，混合贸易企业中加工贸易方式的出口额占总出口额的比重并不符合均匀分布，加工贸易方式出口比重在较低或者较高时，对应在全部混合贸易企业中的数量比例也较高。从图 3-3 中还可以看出，混合贸易企业中在 [0%, 25%] 组和 (75%, 100%] 组的企业不但分别相似于一般贸易企业和加工贸易企业，而且可以最大限度地保留样本。

四、计量模型的设定

本章主要使用控制年份和企业层面固定效应的双重差分法（DID 模型）进行实证检验。基本计量模型如公式（3-1），其中，t、j 分别表示年份、企业；X 为控制变量；n 表示控制变量的个数；α_j 为企业固定效应；χ_t 为年份固定效应；ε_{tj} 为随机误差项。

$$ED_{tj} = \alpha_j + \chi_t + \beta_1 \cdot treat_j \cdot time_t + \sum_n \delta_n \cdot X_{tj} + \varepsilon_{tj} \quad (3-1)$$

公式（3-1）中，$treat$ 表示是否受加工贸易转型升级战略影响的样本分组，$treat=1$ 表示实验组，$treat=0$ 表示对照组。$time$ 表示政策实施前后的虚拟变量，由于加工贸易转型升级战略在 2003 年 10 月开始正式实施，在当年实际实施了 3 个月，占一年时间的 1/4，借鉴 Lu 等（2017）的处理方法将 2003 年设置为 1/4，将 2004 年之后的年份设置为 1，其他年份设置为 0。$treat \times time$ 表示政策实施前后的净效应，在第三、第四章实证检验部分统一用 tt 来表示。被解释变量统一用 ED 表示，分别表示企业的出口量（$lnexport$）和国内附加值率（$DVAR$）。

除此之外，在本章后文的作用机制部分需要检验加工贸易转型升级战略对企业动态变化的影响，而企业动态实际反映了一种概率。因此，本章将 Probit 模型与 DID 模型进行结合，并且控制了年份、二位数行业和省份层面的固定效应。其中 i、l 分别表示二位数行业、省份，ϑ_l 为省份固定效应，φ_i 为行业固定效应，其他相同字母和变量的含义与公式（3-1）相同。对于被解释变量统一用 Z 来表示，分别表示进入、退出和贸易方式转化的概率，其相应的模型如公式（3-2）所示。由于加工贸易企业大部分集中于东部地区，并且不同贸易方式的出口企业在各省之间的分布情况存在差异，因此将标准误在省份层面进行聚类调整。

$$\Pr\{Z_{tj}=1\} = \vartheta_l + \chi_t + \varphi_i + \beta_2 treat_j \times time_t + \sum_n \delta_n X_{tj} + \varepsilon_{tj}$$

（3-2）

五、变量设定

企业出口量（$lnexport$）使用企业年度出口额除以不变基期出口价格指数并取对数表示，企业出口额使用海关数据库中实际的出口额来衡量。由于出口额是美元计价，我们按照实际的人民币对美元汇率进行了转换。企业出口量实际反映了在出口层面的企业绩效，可以直接反映出口"数量"的变化。但是，企业出口数量如何变化，通过哪些维度变化？可以从出口目的地、产品数量等维度进行分析，进一步将企业出口进行分解来进行稳健性检验，并且以此来分析企业出口在哪些方面发生变化。

在对企业出口量进行稳健性检验的部分，借鉴已有研究对企业出口进行四元分解。具体根据 Muûls（2015）的方法，将企业出口从出口目的地国、产品等维度进行分解，即从出口目的地数目（$guonu$）、出口产品数目（$goodsnu$）、有效贸易关系密度（$effectra$）和贸易关系平均出口额（$exportreal$）四个维度进行分解。除此之外，我们还观察企业实际贸易关系（$traderela$）的变化。我们按照年份—企业—出口国目的地—出口产品维度计算出口企业实际贸易关系（$traderela$），即该企业当年实际存在的贸易关系数目。其中贸易关系平均出口额（exportreal）用企业出口额除以企业实际贸易关系（traderela），再用不变基期出口价格指数平减后取对数得到。有效贸易关系密度（effectra）如公式（3-3）所示，贸易关系平均出口额（exportreal）如公式（3-4）所示。

$$effectra = \frac{traderela}{guonu \cdot goodsnu} \quad (3-3)$$

$$exportreal = \frac{export}{traderela} \quad (3-4)$$

企业出口的国内附加值率（DVAR）实际上反映了企业出口"质量"的变化，是出口结构的另一个核心被解释变量。对于单位出口额，企业出口的附加值越高，则获得贸易利得相对越高，企业的出口质量也相对越高。参照已有研究，主要使用 Kee 和 Tang（2016）的计算方法测算企业出口的国内附加值率，具体的数学表达式分别如公式（3-5）、公式（3-6）和公式（3-7）所示。其中，上标 o、p 和 m 分别表示一般贸易、加工贸易和混合贸易企业，im 为实际进口额，即剔除贸易中间商的进口成分。em 表示企业使用的国内原料（中间品）中含有的国外附加值，在二位数行业 i 层面的比例 τ 的平均值为 2%，可以表示为 $em_{it} = (M - im_{it}) \times \tau$，$M$ 为中间品投入。$(im_{it}^o)_{bec}$ 表示一般贸易企业的实际中间品的进口额，将海关 HS 产品码与国际经济分类码（BEC）进行匹配，根据 BEC 代码将进口产品分类为资本品、中间品和消费品三个分类。其中，中间品分类所对应产品的进口额为实际的中间品进口额。λ_o 和 λ_p 分别表示混合贸易企业中一般贸易方式或者加工贸易方式出口额占总出口额的比重，Y 表示企业产出，用企业产出总值来衡量。贸易中间商主要参与进出口产品的经销或者代理，并不一定从事产品生产，参照 Ahn 等（2011）的方法，将海关数据中企业名称中包含经贸、科贸、外经、进出口及贸易等关键词的企业鉴定为贸易中间商,并且将其做剔除处理。

$$DVAR_{it}^o = 1 - [(im_{it}^o)_{bec} + em_{it}]/Y_{it}^o \qquad (3-5)$$

$$DVAR_{it}^p = 1 - (im_{it}^p + em_{it})/Y_{it}^p \qquad (3-6)$$

$$DVAR_{it}^m = \lambda_o\{1 - [(im_{it}^o)_{bec} + em_{it}]/Y_{it}^o\}$$
$$+ \lambda_p[1 - (im_{it}^p + em_{it})/Y_{it}^p] \qquad (3-7)$$

为了进一步排除其他潜在因素对计量模型的干扰,从而保证实证结果的稳健性,分别引入企业、行业和地区层面的控制变量进行控制。企业层面控制变量需要用到的变量主要来源于中国工业企业数据。企业规模($scale$)用企业职工人数的对数衡量。企业年龄(age)用年份减去企业初始设立年计算,然后取对数衡量。企业工资水平($wage$)用企业的应付职工工资除以不变基期(以2000年为基期,后文同)工业出厂价格指数,然后除以全部从业人员总人数再取对数衡量。企业资本密集度($capint$)用企业固定资产净值除以不变基期固定资产平减指数,然后除以全部从业人员的年平均数后取对数衡量。企业利润率($prorate$)用企业营业利润除以销售收入衡量。外资企业虚拟变量(foe)用海关数据库标准,根据企业性质栏下标注,我们将备注为"独资""外商独资企业""合资""中外合资企业""合作""中外合作企业"的企业归类为外资企业。将备注为"私营"和"私营企业"的企业归类为民营企业,将备注为"国有""国有企业""集体""集体企业"的企业归类国有企业。对于其他没有归类的企业,将其设置为民营企业。设置外资企业虚拟变量(foe),将外资企业设置为1,其他设置为0。设置国有企业虚拟变量(soe),将国有企业设置为1,其他设置为0。

行业层面控制变量来源于中国工业企业数据库和各市的统计年鉴。

城市产业结构（$firstgdp$）用地级市第一产业总产值占地区国内生产总值（GDP）的比重表示。市场集中度（hhi）用企业销售收入（$sales$）占行业总销售收入百分比的平方和衡量，$hhi_{it} = \sum_{j \in i}(sales_{jt}/sales_{it})^2$，$sales_{jt}$ 表示某地级市行业 i 企业 j 在 t 期的销售收入，行业为二位数行业，$sales_{it}$ 表示某地级市行业 i 所有企业在 t 期的销售收入总额。产业集聚程度（$IDSAG$）借鉴 Ellison 和 Glaeser（1999）的方法构建，如公式（3-8）所示，其中 r 指城市，u_r 是指 r 城市就业人数占全国总就业人数的比重，v_r^i 是指 r 城市 i 行业占全国 i 行业总就业人数的比重，H_i 的构造方法与市场集中度（hhi）的构造方法相同。但是，需要说明的是，在产业聚集程度指标中行业都是四位数行业。

$$IDSAG_i = \frac{\sum_r (u_r - v_r^i)^2 - [1 - \sum_r (u_r)^2]H_i}{[1 - \sum_r (u_r)^2](1 - H_i)} \quad (3-8)$$

地区层面控制变量来源于中国国家统计局和各市的统计年鉴。发展水平（gdp）用地级市人均国内生产总值（GDP）表示，使用不变基期 GDP 平减指数进行折算并取对数。收入水平（$income$）用地级市人均工资表示，使用不变基期消费价格指数进行折算并取对数。资本投入水平（cap）用地级市人均固定资产投资额表示，使用不变基期固定资产投资价格指数进行折算并取对数。人口流动状况（ky）用地级市客运人数与地区常住人数的比重表示，然后取对数。市场化程度（$market$）使用樊纲等（2011）的各省的市场化进程综合指数衡量。经济积聚程度（$agglo$）使用各省的 GDP 除以地理面积表示，GDP 单位为亿元，面积单位为平方公里。区域虚拟变量（$zone$），东部地区的企业取 1，其他地区的企业取 0。本章后文中，还涉及对企业的全要素生产率进行测算，不再详细介绍。

第四节 实证检验

一、基本检验结果

本章研究对象是企业出口,主要从企业出口的国内附加值率(DVAR)和出口量(lnexport)两个角度展开研究。本部分参照本章前文的计量模型进行实证检验,回归方程控制了企业层面和年份层面的固定效应,并且在省份层面对协方差进行了聚类调整,基本检验结果见表3-5。从表3-5中第(1)列可以看出,交叉项 tt 的系数在1%水平上显著为正,这说明加工贸易转型升级战略提高了加工贸易企业的国内附加值率,实现了促进加工贸易企业从低附加值向高附加值升级的直接目标。这与加工贸易转型升级战略设计之初的要求一致,说明加工贸易转型升级战略发挥了正向效力。

表3-5　　　　　　　　基本检验的结果

变量	(1)	(2)	(3)	(4)
	基本检验		剔除来料加工贸易企业	
	DVAR	lnexport	DVAR	lnexport
tt	0.055***	-0.026***	0.059***	-0.024***
	(0.0051)	(0.0043)	(0.0035)	(0.0054)
样本量	170597	170597	166586	166586
R^2	0.926	0.858	0.928	0.859

注:*、**和***分别表示在10%、5%和1%以上的水平上显著,括号内为协方差调整后的标准误,回归方程中加入了企业、行业、城市和省份层面的特征变量,控制了企业和年份层面的固定效应,第三章和第四章均是如此。

从表 3–5 中第（2）列可以看出，交叉项 it 的系数在 1% 水平上显著为负，这说明加工贸易转型升级战略降低了加工贸易企业的平均出口量，在整体上对加工贸易企业的出口造成了负面影响。其背后的原因可能为：第一，在加工贸易转型升级战略要求下，加工贸易企业需调整生产结构，甚至引进新技术和设备以提升国内附加值和产品技术含量，而企业为适应政策要求，需付出成本来调整生产。第二，政策影响下的市场机制对于不符合要求的企业很可能是淘汰机制，对于不符合政策要求的加工贸易企业很可能会退出市场。因此，加工贸易转型升级战略对企业出口的附加值率和出口量造成了显著且相反的影响，这也体现了对企业出口影响的结构性差异。

除此之外，我们测算得出 2006 年相对 2003 年进料加工贸易企业出口的国内附加值率（DVAR）增加了 6.04%，来料加工贸易企业降低了 0.83%，一般贸易企业降低了 0.06%。进料加工贸易企业出口量（lnexport）降低了 0.08%，来料加工贸易企业提升了 0.003%，一般贸易企业提升了 0.85%。因此，综合而言，这说明加工贸易转型升级战略对于来料加工贸易企业的影响相对较弱。一方面，由于来料加工装配贸易企业具有"两头在外"的典型特征，原材料大多由国外供应商提供，并且享有出口退税和进口免税的税收优惠，因而受到国内产业政策的影响相对较小。另一方面，进料加工贸易方式出口额占加工贸易总出口额的 90% 以上，是加工贸易转型升级战略规制中的重点部分，政策的直接影响是促使进料加工贸易企业使用更多的国内原材料替代国外进口进而提高了国内附加值率。除此之外，来料加工贸易企业在出口企业中的比例逐年下降，2000—2006 年来料加工贸易企业数量在出口企业中仅占 2%，同时来料加工贸易企业相对于进料加工贸易企业的产业层次更低，加工贸易向一般贸易转化可以体现贸易结构的优化和升级。

因此，来料加工贸易企业并不能作为合适的对照组，本章后文中进一步剔除了来料加工装配贸易企业，表3-5中第（3）列和第（4）列为相应的回归结果。从表3-5中可以看出，第（3）列和第（4）列的交叉项 tt 的回归系数通过了显著性检验，但是系数值相对于第（1）列和第（2）列发生了显著变化。第（3）列中 tt 系数的绝对值相对于第（1）列有所增大，这说明剔除来料加工装配贸易企业样本后，加工贸易转型升级战略的正向政策效应有所增大。第（4）列中 tt 系数的绝对值相对于第（1）列有所减小，这说明剔除来料加工装配贸易企业样本后，加工贸易转型升级战略的负向政策效应反而有所减小。

二、平行趋势的动态检验

对于双重差分法（DID 模型）需要满足平行趋势的假设检验，具体采用 Kudamatsu（2012）的方法。我们在回归方程中加入了年份虚拟变量（$year\_dum$）与政策分组虚拟变量（$treat$）的交叉项（$year\_dum \cdot treat$），模型设置如公式（3-9）所示。在表3-6中使用 $tyear$ 代替 $year\_dum \cdot treat$，例如，在2004年，则表示为 $t2004$，同时为了可以对比，我们将2000年设置为基准期，j、t 分别代表企业和年份，n 为年份的数目。其中，被解释变量统一用 ED 表示，分别表示企业出口量（$lnexport$）和国内附加值率（$DVAR$）。从表3-6可以看出，$tyear$ 的系数值和显著性发生大幅度变化的时间点是在2003年及以后。2001年和2002年回归系数并不显著，并且回归系数的绝对值较小，说明2003年以前并没有其他潜在因素导致加工贸易企业的平均出口量和国内附加值率相对一般贸易企业发生显著变化。2003年以后的回归系数显著为正,并且回归系数的绝对值逐年增大,说明导致实验组发生偏离的原因主要在2003年及以后,因而通过了平行趋势检验。

$$ED_{tj} = \alpha_j + \chi_t + \sum_n \lambda_n \cdot year\_dum_t \cdot treat_j + \sum_n \delta_n \cdot X_{tj} + \varepsilon_{tj}$$

$$(3-9)$$

表3-6　　　　　　　平行趋势的假设检验

变量	(1) DVAR	(2) lnexport
t2001	-0.006 (0.0043)	0.004 (0.0069)
t2002	-0.006 (0.0076)	-0.009 (0.0096)
t2003	0.033*** (0.0036)	-0.022** (0.0089)
t2004	0.062*** (0.0061)	-0.032*** (0.0098)
t2005	0.076*** (0.0047)	-0.042*** (0.0097)
t2006	0.112*** (0.0062)	-0.059*** (0.0120)
样本量	166586	166586
R^2	0.932	0.853

三、稳健性检验

我们进一步对本章的基本结论进行稳健性检验。参照已有研究的做法,主要更换了被解释变量指标测算方法,更换了固定效应和聚类标准，使用倾向得分匹配法，使用连续分组 DID 模型的实证方法，以及排除其他潜在外部冲击或者产业政策的影响等多方面潜在因素的干扰。

本章设置国内附加值率（DVAR）的替代指标，具体使用指标 DR 表示，参照 Kee 和 Tang（2015）的方法，其在 Koopman 等（2012）方法基础上得出每个行业国内原材料中的国外附加值占比，我们替换 7.5% 的经验假设数值，其他计算步骤与本章前文相同。回归结果如表 3-7 中第（1）列所示，可以看出，交叉项 tt 的回归系数显著为正数，这与本章前文的回归结果一致。

表 3-7　　　　　更换被解释变量指标

变量	(1) DR	(2) guonu	(3) goodsnu	(4) traderela	(5) effectra	(6) lnmexport
tt	0.053*** (0.0037)	-1.170** (0.5452)	-1.052** (0.3518)	0.859 (1.9542)	-0.020* (0.0101)	-0.188*** (0.0525)
样本量	166586	166586	166586	166586	166586	166586
R^2	0.925	0.894	0.882	0.874	0.793	0.869

本章进一步将企业出口量（lnexport）进行分解，分别从出口目的地数目（guonu）、出口产品数目（goodsnu）、企业实际贸易关系（traderela）、有效贸易关系密度（effectra）和贸易关系平均出口额（lnmexport）等维度重新进行评估，具体的指标测算方法见本章关于企业出口的变量设定部分。回归结果如表 3-7 中第（2）至第（6）列所示，可以看出第（2）、第（3）、第（5）、第（6）列的交叉项系数 tt 显著为负数，第（4）列的交叉项系数为正但不显著。回归结果表明，加工贸易转型升级战略降低了加工贸易企业的出口国目的地数目、出口产品数目、有效贸易关系密度和贸易关系平均出

额,但是对于提升企业实际贸易关系数目的作用并不显著。综合来看,政策对分解后的企业出口量的影响依然表现为抑制作用,这与基准模型的回归结果一致。

可以推断,在加工贸易转型升级战略影响下加工贸易企业更可能改变生产和销售策略,通过集约式生产降低出口国家和产品数目。一方面,加工贸易转型升级战略的挤出效应增加了企业的运营成本,而缩减产品数目可以使企业集中资源进行生产,进而通过发挥规模效应来降低成本。同样,加工贸易企业通过缩减出口国数目可以降低企业的销售渠道成本。另一方面,加工贸易转型升级战略要求加工贸易企业从简单代工向深加工转变。由于改变生产模式的代工企业可以从大量的贴牌代工生产向创立自主品牌的集约化生产转变,胡军等(2005)认为加工贸易企业创建自主品牌并通过规模经济做大做强是其持续成长的路径。

一般而言,通过加入固定效应可以控制其他潜在不变因素的干扰。本章在基准模型中控制了企业层面和年份层面的固定效应,我们将其替换为控制省份、二位数行业和年份层面的固定效应。回归结果如表 3-8 中第(1)和第(2)列所示,可以看出,交叉项 tt 的系数值发生了轻微变化,但是显著性没有发生改变,这说明在降低固定效应的控制标准后,本章结论依然稳健,虽然回归结果会有一定偏差,但是不能改变最终的实证结果。表 3-8 中第(3)和第(4)列更换了聚类标准,在加工贸易企业和一般贸易企业,及混合贸易企业按照加工贸易出口比重的四分位数分组分别在 [0%,25%] 组和 (75%,100%] 组的企业,共 4 个样本组层面进行聚类。可以看出第(3)和第(4)列中 tt 的交叉项系数值没有发生变化但是显著性有所下降,综合来看没有改变基本结论。

表 3-8　　　　　　　更换固定效应和聚类标准

变量	(1)	(2)	(3)	(4)
	更换固定效应		更换聚类标准	
	DVAR	lnexport	DVAR	lnexport
tt	0.056***	-0.024***	0.059**	-0.024**
	(0.0043)	(0.0057)	(0.0115)	(0.0058)
样本量	166586	166586	166586	166586
R^2	0.928	0.859	0.928	0.859

由于混合贸易企业中加工贸易方式出口比重存在不同，受到产业政策的影响程度可能存在不同。我们认为，加工贸易转型升级战略主要针对加工贸易企业，因而加工贸易企业受到政策的影响最大，其次是混合贸易企业，而一般贸易企业受到政策的影响微乎其微，因此使用连续分组的 DID 模型进行稳健性检验。表 3-9 中第（1）和第（2）列将加工贸易企业作为实验组，将混合贸易企业作为对照组。第（3）和第（4）列将混合贸易企业设置为实验组，将一般贸易企业设置为对照组。从重新检验的结果可以看出，第（1）和第（3）列的交叉项 tt 的回归系数显著为正，但是整体的显著性有所下降，并且回归系数的绝对值有所减小。第（2）和第（4）列的交叉项 tt 的回归系数显著为负，但是回归系数的绝对值同样有所减小。因此综合来看，虽然使用连续分组 DID 模型的检验结果与基本模型的结果一致，但是混合贸易企业样本也会干扰到检验结果。

表 3-9　　　　　　　连续分组 DID 模型检验

变量	(1)	(2)	(3)	(4)	(5)	(6)
	DVAR	lnexport	DVAR	lnexport	DVAR	lnexport
tt	0.010**	-0.016***	0.010**	-0.008***	0.080***	-0.037***
	(0.0038)	(0.0022)	(0.0048)	(0.0022)	(0.0030)	(0.0035)

续表

变量	(1) DVAR	(2) lnexport	(3) DVAR	(4) lnexport	(5) DVAR	(6) lnexport
样本量	92458	92458	173705	173705	133401	133401
R^2	0.869	0.898	0.895	0.849	0.931	0.852

鉴于混合贸易企业的干扰,我们进一步剔除全部混合贸易企业,回归结果如表3-9中第(5)和第(6)列所示,可以看出,交叉项 tt 的回归系数的绝对值发生了显著变化,但是均通过了1%水平的显著性检验。因此,综合来看,考虑混合贸易企业影响之后,本章的基本结论没有发生实质性改变,因而本章后文依然将部分混合贸易企业作为实验样本。

为了进一步减弱内生性的影响,使用倾向得分匹配方法(PSM)在对照组中挑选企业、行业和地区特征与实验组更为相似的样本,选择变量为控制变量,并且通过了相关检验。使用倾向得分匹配法的回归结果如表3-10中第(1)和第(2)列所示,可以看出,交叉项 tt 的回归系数通过了显著性检验,并且系数方向与本章前文一致,因此结论没有改变。为了排除企业贸易方式差异的干扰,本章进一步剔除了混合贸易企业样本。回归结果如第(3)和第(4)列所示,可以看出,交叉项 tt 系数的显著性和方向没有发生改变,因而通过了稳健性检验。

表3-10 使用倾向得分匹配法

变量	(1) DVAR	(2) lnexport	(3) DVAR	(4) lnexport
tt	0.052*** (0.0073)	-0.021*** (0.0044)	0.073*** (0.0056)	-0.033*** (0.0039)

续表

变量	(1) DVAR	(2) lnexport	(3) DVAR	(4) lnexport
样本量	68963	68963	47228	47228
R^2	0.914	0.910	0.919	0.915

尽管一般贸易企业与加工贸易企业在国内税收政策、产业政策和国际销售环境等方面存在很大的相似性，但是依然存在着显著差异。因此，本章寻找方法进一步从加工贸易企业内部重新划分实验组和对照组。如本章前文所述，来料加工装配贸易企业由于具有"两头在外"的特征，原材料和销售一般由国外公司承保，因而受到国内产业政策的影响相对较弱。将进料加工贸易企业作为实验组，将来料加工装配贸易企业作为对照组，同时删除了一般贸易企业。回归结果如表3-11中第（1）和第（2）列所示，可以看出，交叉项tt的系数通过了显著性检验，并且系数符号的方向与本章前文保持一致，则通过了相关稳健性检验。

表3-11　　　　　　更换对照组的设置标准

变量	(1)	(2)	(3)	(4)
	贸易方式对比		商品禁止类目录调整	
	DVAR	lnexport	DVAR	lnexport
tt	0.109*** (0.0306)	-0.153*** (0.0105)	0.086*** (0.0068)	-0.041*** (0.0057)
样本量	24866	24866	46691	46691
R^2	0.863	0.920	0.865	0.916

除此之外，本章进一步在实验组内部寻找合适的设置标准进行分组检验。梳理政策文件可知，2004年，国家开始调整加工贸易

商品的禁止类目录,这属于加工贸易转型升级战略的政策延续。本章首先在商务部、海关总署、国家环境保护总局公告2004年第55号政策文件基础上,在海关进口数据库中识别出涉及进口商品编码的所有企业,并且将2000—2006年所有涉及企业归类到受到商品禁止目录调整影响的企业范围。然后,将表3-5中第(3)和第(4)列的实验组(出口企业)与上述企业范围进行匹配,将匹配上的企业作为新的实验组,其他未匹配上的企业作为新的对照组,然后重新进行实验。由于目录调整时间开始于2004年11月,距离当年结束还有两个月,本章将时间虚拟变量($time\_dum$)在2004年设置为1/6,2005—2006年设置为1,其他年份设置为0,然后新的政策分组虚拟变量与时间分组虚拟变量的交叉项同样使用tt表示,回归结果如表3-11中第(3)和第(4)列所示。可以看出,交叉项tt的回归系数符号方向与本章前文一致,并且通过了显著性检验。

因此,本章使用两种不同的方法在原来实验组(加工贸易企业)内部进行分组,通过设立新的对照组标准,进而可以找到与加工贸易企业更为相似的样本作为对照组。从实证结果来看,本章结论依然稳健一致。

在加工贸易转型升级战略实施的同时,可能存在着其他产业政策的潜在影响。对此,我们需要考虑并且排除其他潜在因素的干扰,在2003年前后出台的政策或者外部冲击对本章政策实验可能产生影响的是2001年中国加入世界贸易组织(WTO)和2002年商务部重新调整《外商投资产业指导目录(2017年修订)》。

中国加入世界贸易组织带来了贸易自由化。一般贸易企业由于受到关税减免而受益更多,相比之下加工贸易企业由于出口退税等而影响较小。因此，2001年12月中国加入世界贸易组织（WTO）可能是其中的影响因素，主要时间分界点为2001年。我们将2001年以前设置为0，其他年份设置为1，并且删除了2003年以后的数据，政策分组方式与本章基本设定相同，然后重新进行模拟实验。检验结果如表3-12中第（1）和第（2）列所示，可以看出，交叉项 tt 的回归系数并不显著，因而不能证明中国加入WTO事件是潜在的影响事件。

表3-12　　　　　　　　其他潜在政策因素的影响

变量	(1)	(2)	(3)	(4)
	加入世界贸易组织（WTO）		《外商投资产业指导目录》调整	
	DVAR	lnexport	DVAR	lnexport
tt	0.028 (0.0167)	-0.006 (0.0040)	-0.011 (0.0077)	0.000 (0.0039)
样本量	42232	42232	166586	166586
R^2	0.955	0.919	0.927	0.858

中国对外资开放的行业受到2002年《外商投资产业指导目录》的影响，外资开放行业进入的外资企业相对更多，因而市场的活跃程度可能也更高。由于不同贸易方式的行业中外资开放行业数量比例可能存在不同，并且相同行业中的外资企业数量比例不同。因此，我们有必要考虑《外商投资产业指导目录》调整的潜在影响。2002年3月，《外商投资产业指导目录》在1997年的基础上进行了大幅调整，主要是针对产品和行业层面的鼓励、限制和禁止措施。那么，外资准入标准变化（包括鼓励、限制和禁止措施）是否可以显著影响企业出口量和国内附加值率的变化？本章借鉴 Lu 等（2017）的方法对行业进行识别，行业识别到四位数层面。设置行

业变化虚拟变量,将发生变化的行业设置为 1,其他设置为 0[①],设置时间虚拟变量,将 2000—2001 年设置为 0,2002 年设置为 3/4,2002 年以后各年份设置为 1,行业变化虚拟变量和时间虚拟变量的交叉项同样使用 it 来表示。表 3-12 中第(3)和第(4)列的回归结果显示,交叉项 it 的回归系数没有通过显著性检验。此外,统计数据显示,在受到政策影响的行业中,加工贸易企业和一般贸易企业的样本数量占比仅为 6%—8%,并且发生变化的行业在不同贸易方式中的分布情况基本相同。从理论上讲,加工贸易转型升级战略的政策实验在通过 DID 模型的两次差分之后的影响基本可以忽略不计。

除此之外,在 2003 年以后是否存在其他政策影响从而造成了误判?我们使用倒推法,假设加工贸易转型升级战略是无效的,有效的政策发生在 2006 年,那么剔除 2006 年样本后可以看出加工贸易转型升级战略是否有效。我们假设实际有效的政策发生在剔除的年份以及加工贸易转型升级战略不能发生实质作用,那么政策实验将不显著。回归结果如表 3-13 中第(1)和第(2)列所示,可以看出,交叉项 it 的系数显著性和符号方向与本章前文一致,说明 2006 年并不存在潜在的政策影响。进一步假设有效政策发生在 2005 年,我们剔除 2005—2006 年数据,实验结果见表 3-13 中第(3)和第(4)列,可以看出,交叉项 it 的系数的显著性和符号方向并没有发生改变,说明 2005 年不存在潜在的其他政策影响。由于加工贸易转型升级战略出台于 2003 年的下半年,考虑到加工贸易转型升级战略效果的滞后性,不再对 2004 年进行相应的稳健性检验。

---

① 将因《外商投资产业指导目录》调整而发生变化的行业,包括外资管制放松和趋严的行业作为实验组,将未发生变化的行业作为对照组。

表 3 – 13　　　　　　　相关的安慰剂检验

变量	(1)	(2)	(3)	(4)	(5)	(6)
	剔除 2006 年		剔除 2005 年和 2006 年		反事实检验	
	DVAR	lnexport	DVAR	lnexport	DVAR	lnexport
tt	0.058***	-0.028***	0.058***	-0.032***	0.016	0.000
	(0.0043)	(0.0046)	(0.0072)	(0.0038)	(0.0114)	(0.0073)
样本量	126803	126803	93556	93556	166586	166586
R^2	0.936	0.879	0.944	0.898	0.927	0.858

表 3 – 13 中第（5）和第（6）列为反事实的安慰剂检验，我们将混合贸易企业中加工贸易方式出口比重按照四分位数分组在（75%，100%］组的样本并入加工贸易企业，并且作为实验组，将一般贸易企业作为对照组，实验结果显示交叉项 tt 的系数不再显著，反向证明了本章结论的稳健性。

四、异质性检验

1. 异质性检验视角的选择依据。

本章主要依据加工贸易转型升级战略的政策目标和要求进行分组和异质性检验。在 2006 年以前，90% 以上的加工贸易企业集中在东部地区，表现为东部多、中西部稀少的格局。但是，随着东部地区环境污染、产业升级和人口红利下降等因素的出现，以及中西部高铁、公路和航空港等交通的便利化，中西部可以依托巨大的人口红利和交通便利来发展加工贸易。因此，国家在 2006 年出台了《关于支持中西部地区承接加工贸易梯度转移工作的意见》，目标是到 2010 年培育形成 50 个优势明显和各具产业特色的中西部加工贸易重点承接地。考虑到加工贸易企业在区域间存在分布差异以及加工贸易转型升级战略的政策要求，本章从区域角度进行异质性检验。由于中部地区和西部地区样本较少,我们将中西部地区企业设置为一组,东部地区设置为一组。

由于加工贸易中不同经营主体企业(企业性质)的国内附加值率存在巨大的差异,外资企业的国内附加值率大幅度低于民营企业和国有企业,因而更可能成为加工贸易转型升级战略规制的重点。同时,2003年党的十六届三中全会通过的《中共中央关于完善社会主义市场经济体制若干问题的决定》明确要求促进加工贸易企业经营主体的多元化,其中主要体现在对民营企业的扶持上。因此,考虑到企业性质的潜在影响,将样本分别分为民营企业、国有企业和外资企业三个样本组,然后进行异质性检验,对企业性质的归类方法与本章前文一致。

加工贸易企业的国内附加值率普遍低于一般贸易企业,其根本原因在于生产技术受制于人,从而仅能担任加工组装的角色。2003年《中共中央关于完善社会主义市场经济体制若干问题的决定》和2005年《出口加工区加工贸易管理暂行办法》的政策目标都申明要促进加工贸易企业降低简单代工等生产方式并吸引高技术水平加工制造环节。因此,本章从技术角度进行异质性检验,企业的技术含量可以用产品技术含量来加权加总计算。Lall(2000)测算了每种产品的技术密集度,我们根据企业中的产品种类以及每一产品的出口额占企业总出口额的比重加权计算出每一家企业的技术含量[①],

---

[①] 我们按照高、中、低技术密集型,资源密集型和非燃料初级商品5种产品类型分别赋值为0.9、0.7、0.5、0.3和0.1,然后按照企业每种产品的出口比重加权平均计算出企业层面的技术含量。对海关数据库中所有企业按照五分位数进行分组,将处于80%—100%组的企业定义为高技术含量企业,处于60%—80%组为中等技术含量企业,其他样本归类为低技术含量及其他企业。

具体分为高、中和低技术含量三个样本组,然后进行异质性检验。

2. 相关异质性的检验结果。

数据显示,东部地区企业数量约占90.5%,中部地区企业数量约占5.7%,西部地区企业数量约占3.8%。可以看出,中西部地区企业样本量相对较少,我们将中西部地区企业样本进行合并处理。回归结果如表3-14中第(1)至第(4)列所示,其中东部地区样本组的检验结果如第(1)和第(2)列所示,可以看出,第(1)列中交叉项 tt 的系数显著为正,第(2)列中交叉项 tt 的系数显著为负,这与本章前文基本结论一致。但是,从第(3)和第(4)列可以看出,中西部地区样本组的检验结果没有通过显著性检验。

表3-14 区域视角的异质性检验

变量	(1)	(2)	(3)	(4)
	东部地区		中西部地区	
	DVAR	lnexport	DVAR	lnexport
tt	0.058***	-0.023***	-0.034	0.022
	(0.0038)	(0.0048)	(0.0420)	(0.0223)
样本量	149264	149264	17322	17322
R^2	0.928	0.861	0.889	0.832

其原因在于:第一,东部地区集中了绝大部分出口企业特别是加工贸易企业,可以看出加工贸易转型升级战略规制的重点,因而表现出的政策效应与全样本的回归结果一致。第二,根据加工贸易转型升级战略的要求,加工贸易企业面临从东部地区向中西部地区梯度转移,可能存在着转移成本。同时,在面临政策影响下,较低出口国内附加值率的外资企业更可能淘汰出市场。因此,加工贸易企业可能存在短期的调整成本,因而造成了企业出口量的下降。第三,中西部地区的加工贸易企业相对较少,并且更多是承接东部地

区的加工贸易企业转移,因而面临的市场的淘汰效应相对较小,对企业出口量的负向影响也较小。与此同时,中西部的工业基础相对薄弱,加工贸易转型升级战略促进附加值升级的作用可能并不明显。

按海关数据库中"企业性质"进行分类,具体的分类标准与本章前文一致,即分为民营企业样本组、国有企业样本组和外资企业样本组。具体的回归结果如表3-15所示。从表3-15中可以看出,仅第(2)、第(5)和第(6)列通过了显著性检验,但是民营企业样本组和国有企业样本组的交叉项 tt 的回归系数基本没有通过显著性检验。其中,第(5)和第(6)列的回归结果表明,外资企业样本组的回归结果与本章基本结论一致。原因可能在于:第一,加工贸易中外资企业的数量比例最大,并且国内附加值率普遍更低。由于加工贸易转型升级战略要求促进经营主体的多元化和附加值升级,因而加工贸易中外资企业更可能成为规制的重点。第二,较低国内附加值率的外资企业更多被淘汰出市场,或者受到加工贸易转型升级战略影响而转化为一般贸易企业,因而加工贸易转型升级战略对国内附加值率的影响更多是提升作用。第三,外资企业以追求高利润和低成本为目标,并且具有较高的灵活性。由于规制带来生产成本的增加而可能改变生产策略或者转移到国外,最终将不利于提高企业的出口量。

表3-15　　　　　企业性质视角的异质性检验

变量	(1)	(2)	(3)	(4)	(5)	(6)
	民营企业		国有企业		外资企业	
	DVAR	lnexport	DVAR	lnexport	DVAR	lnexport
tt	-0.043 (0.0273)	0.012* (0.0065)	-0.007 (0.0224)	0.020 (0.0183)	0.055*** (0.0041)	-0.014*** (0.0045)

续表

变量	(1)	(2)	(3)	(4)	(5)	(6)
	民营企业		国有企业		外资企业	
	DVAR	lnexport	DVAR	lnexport	DVAR	lnexport
样本量	39939	39939	24600	24600	102047	102047
R^2	0.894	0.838	0.858	0.801	0.921	0.873

从企业出口量角度来看，虽然表3-15中第（6）列的回归结果显示，加工贸易转型升级战略降低了外资企业的出口量。但是从第（2）列可以看出，交叉项 tt 的回归系数显著为正，这说明加工贸易转型升级战略有利于提升民营企业的出口量，同时从第（4）列可以看出，对于国有企业出口量的作用不显著。可以推断，加工贸易转型升级战略要求促进经营主体多元化的目标实际体现了对国内企业特别是民营企业的政策扶持倾向，民营企业出口量的上升实际也反映了加工贸易转型升级战略的正向政策效应。

表3-16是关于技术含量的异质性检验结果，其中第（1）至第（4）列是关于企业出口的国内附加值率的检验结果，第（5）和第（8）列是关于企业出口量的检验结果。从表3-16中第（1）和第（3）列的回归结果可以看出，高、中和低三个按技术分组中交叉项 tt 的回归系数都显著为正。这说明从不同技术含量层面看，加工贸易转型升级战略对加工贸易企业出口的国内附加值率都有提升作用。从第（5）和第（6）列可以看出，交叉项 tt 的回归系数显著为负，这说明从不同技术含量层面看，加工贸易转型升级战略对不同技术含量的加工贸易企业的出口量都有抑制作用。因此，从产品技术含量角度看，加工贸易转型升级战略对企业出口量和国内附加值率都存在显著的作用，并且与本章的基本结论一致。

表 3 – 16　　　　　关于技术含量的异质性检验

变量	(1) 高技术 DVAR	(2) 中技术 DVAR	(3) 低技术 DVAR	(4) 组间对比 DVAR	(5) 高技术 lnexport	(6) 中技术 lnexport	(7) 低技术 lnexport	(8) 组间对比 lnexport
tt	0.062*** (0.0109)	0.071*** (0.0098)	0.055*** (0.0095)		-0.019** (0.0090)	-0.035*** (0.0063)	-0.025*** (0.0042)	
tt × mtech				0.057*** (0.0196)				-0.013** (0.0052)
tt × htech				0.043** (0.0205)				-0.009 (0.0057)
样本量	27441	40789	98356	166586	27441	40789	98356	166586
R^2	0.932	0.927	0.932	0.927	0.875	0.870	0.873	0.858

为了在高、中和低三个样本组之间可以进行组间对比，本章后文具体分析加工贸易转型升级战略在加工贸易中不同技术含量样本组的作用差异。设置高技术含量企业虚拟变量（htech），将高技术含量企业设置为 1，其他设置为 0，类似的方法设置中技术含量企业虚拟变量（mtech）。我们将交叉项 tt 分别乘以上述虚拟变量，并且将低技术含量样本组作为基准组，然后将 tt × mtech 和 tt × htech 放入回归方程中重新检验，结果见表 3 – 16 中第（4）和第（8）列。从第（4）列可以看出，tt × mtech 和 tt × htech 的回归系数显著为正，这说明相比低技术含量样本组，在较高技术含量样本组中，加工贸易转型升级战略对企业出口的国内附加值率的提升作用有所增强。但是 tt × htech 的系数值小于 tt × mtech 的系数，并且显著性有所下降，说明随着企业技术含量的进一步提升，加工贸易转型升级战略对国内附加值率的提升幅度有所减弱。第（8）列的回归结果显示，tt × mtech 的回归系数显著为负，说明相比低技术含量样本

组,在较高技术含量样本组中,加工贸易转型升级战略对企业出口量的抑制作用有所增强。但是 $tt \times htech$ 的系数值小于 $tt \times mtech$ 的系数值,并且没有通过显著性检验,说明随着企业技术含量的进一步提升,加工贸易转型升级战略对企业出口量的抑制作用在逐步减弱。

其背后原因可能在于:统计数据显示各组中外资企业数量所占比例随着技术含量的提高而增大。尽管加工贸易转型升级战略的初衷是促使外资企业更多地使用国内原材料或者中间品进而提高了国内附加值率,但是政策更多作用于生产较低技术含量产品的简单加工类贸易企业。随着产品技术含量提升,加工贸易转型升级战略的正向提升作用虽然在增大,但是存在"瓶颈"。原因可能在于国内缺少可以替代的高技术含量原材料和中间品,这反而不利于国内附加值率的持续提升。

除此之外,技术含量较高的样本组,外资企业的比例相对更高,需要面临政策调整的压力更大,因而对企业出口量的负面影响更大。高技术含量企业可能由于缺乏国内可用的中间品,因而加工贸易转型升级战略的实质作用较弱,同时高技术企业一般是大规模企业或者竞争力强的企业,抵御外部政策调整带来的压力较小,因此加工贸易转型升级战略对高技术含量样本组企业的出口量的负向影响相对较弱或者是不显著。

第五节 企业动态与企业出口

一、加工贸易转型升级战略目标与企业动态

在加工贸易转型升级战略的影响下,加工贸易企业原有的生产

模式和出口模式将受到干扰，进而影响企业的动态变化（Firm Dynamics）。一方面，与政策目标一致或者受到政策扶持的企业很可能进入市场，反之，则可能退出市场。另一方面，对于不同贸易方式的企业，受到加工贸易转型升级战略影响的加工贸易企业可能会改变原有的贸易方式。因此，在加工贸易转型升级战略影响下，受规制企业的进入、退出、生存和贸易方式转化的状态也将发生变化。

更重要的是，从政策目标角度来看，加工贸易转型升级战略明确要求促进经营主体结构的多元化。而在从事加工贸易的企业数量在2006年以前长期占75%以上，因此政策倾向于鼓励不断增加民营和国有企业的出口额和数量比例。从海关数据来看，1994—2017年国有企业出口份额一直在下降（平新乔和黄昕，2018），主要与1994年的《中华人民共和国对外贸易法》要求进一步深化对外贸易体制改革，并逐步将外贸经营权由国有企业等过渡到民营企业有关，对于国有企业本章后文不再做重点分析。因此，加工贸易转型升级战略促进经营主体多元化更多是体现在提高民营企业的数量比例，同时降低外资企业的数量比例，而不同性质企业的数量比例变化的过程也是企业动态变化的过程。

由于加工贸易转型升级战略要求促进经营主体的多元化，主要表现为鼓励和扶持加工贸易中的民营企业。加工贸易转型升级战略影响企业动态的调整过程可能是一个优胜劣汰的过程，因而加工贸易中的民营企业可能大量进入市场，外资企业则退出市场。鉴于本章主要讨论加工贸易转型升级战略对企业出口的结构性影响，我们进一步用数据分析企业出口量和国内附加值率在不同经营主体企业间的结构性差异。

企业出口量（$lnexport$）使用企业出口额，用不变基期出口价格指数平减后取对数处理，我们计算出不同经营主体（企业性质）企业的年平均出口量，如表3-17所示。从表3-17中可以看出，一般贸易中国有企业历年平均出口量远大于外资企业和民营企业；外资企业的出口量略大于民营企业，但是总体上的差异不大。加工贸易中外资企业历年平均出口量大于国有企业，国有企业大于民营企业，其中外资和民营企业出口量差异较大。如本章前文所述，由于加工贸易转型升级战略有利于鼓励加工贸易中民营企业进入市场，同时外资企业可能会退出市场。因此，结合表3-17的数据分析结果，外资企业的出口量远高于民营企业，在低出口量企业进入市场和高出口量企业退出市场的综合作用下，加工贸易企业的平均出口量将下降。因此，不同经营主体企业的动态调整过程可能会影响企业的出口量，我们具体在本章后文予以关注。

表3-17　不同经营主体企业平均出口量的分布情况

年份	加工贸易企业（实验组）			一般贸易企业（对照组）		
	民营企业	国有企业	外资企业	民营企业	国有企业	外资企业
2000	12.56	13.39	13.55	12.51	13.69	12.73
2001	12.34	13.41	13.50	12.40	13.64	12.78
2002	12.74	13.30	13.46	12.90	13.35	12.69
2003	12.81	13.32	13.48	12.99	13.54	12.89
2004	12.92	13.51	13.54	12.96	13.50	12.95
2005	12.98	13.62	13.55	13.01	13.60	13.05
2006	13.17	13.70	13.64	13.05	13.65	13.13
历年平均	12.79	13.46	13.53	12.83	13.57	12.89

注：企业出口量使用企业出口额用不变基期出口价格指数平减后取对数处理。

企业出口的国内附加值率（DVAR）使用 Kee 和 Tang（2016）的方法计算得出，具体的测算方法见第三章，表3-18统计了不同经营主体企业出口的年平均国内附加值率。从表3-18可以看出，不同经营主体企业的出口国内附加值率分布情况不同，外资企业出口国内附加值率比国有和民营企业低19%左右，不同经营主体企业的动态变化和结构变化可能与国内附加值率的变化密切相关。数据显示，不同贸易方式中不同经营主体的结构存在显著不同，加工贸易中外资企业占80%以上，民营企业仅占11%，一般贸易中外资企业仅占36%，民营企业则占44%以上。不同经营主体的结构变化可能与国内附加值率的变化密切相关，相应的分布如表3-18所示，统计数据显示，实验组中外资企业的国内附加值率数值比民营和国有企业低20%左右，对照组中不同经营主体企业的国内附加值率数值大小差异不大。

表3-18 不同经营主体企业的出口国内附加值率的分布情况　　　单位：%

年份	加工贸易企业（实验组）			一般贸易企业（对照组）		
	民营企业	国有企业	外资企业	民营企业	国有企业	外资企业
2000	66.64	69.07	46.73	90.78	90.89	86.64
2001	66.31	70.25	46.87	90.85	90.86	86.75
2002	65.79	70.81	47.73	91.13	90.85	87.80
2003	66.21	69.35	48.11	91.04	90.43	86.92
2004	68.11	66.25	50.32	90.84	90.16	87.80
2005	69.88	70.21	53.81	90.42	90.11	87.52
2006	69.70	71.77	55.07	90.56	90.21	87.66
历年平均	67.52	69.67	49.81	90.80	90.50	87.30

注：表格中统计了加工贸易企业和一般贸易企业在民营、国有和外资企业层面的年平均出口国内附加值率。

与本章前文的分析逻辑一致，在加工贸易转型升级战略促进经营主体多元化的导向下，加工贸易中民营企业将大量进入市场，外资企业则退出市场。由于加工贸易中外资企业的国内附加值率远低于民营企业，因此伴随着较低国内附加值率的企业退出和较高的国内附加值率的企业进入，加工贸易企业的平均国内附加值率将上升。与此同时，由于一般贸易中不同企业类型的国内附加值率差异不大，即使存在进入和退出，整体的国内附加值率水平也变动不大。因此，不同经营主体企业的动态调整可能会影响企业出口的国内附加值率，我们将在本章后文予以实证检验。

加工贸易转型升级战略的目标之一是促进经营主体的多元化，其中重点促进民营企业的出口比重和数量比例。在不同贸易方式中不同性质企业的数量比例构成并非一成不变，加工贸易转型升级战略可以通过影响企业的进入、退出、生存和贸易方式转化等方面进而优化经营主体结构。因此，加工贸易中民营企业由于受到政策扶持而进入市场，外资企业由于国内附加值率更低而将退出市场。因此，在政策目标导向下，经营主体结构的多元化实际上反映了企业的动态变化。而企业动态变化体现了不同贸易企业之间的资源再配置过程（李坤望和蒋为，2015），可以推断，加工贸易转型升级战略可能影响了加工贸易企业的动态变化，同时企业动态也可能是政策影响企业出口的内在作用机制，本章后文将对此进行验证。

二、企业动态理论、定义和事实基础

（一）企业动态理论

已有研究表明，在市场机制下企业的进入和退出是经济增长过程中资源再配置的过程（Dunne et al.，2013；李坤望和蒋为，2015）。受到政策影响的加工贸易企业可能进入或退出市场，而受到政策扶持的企业更可能留存市场，在政策影响下原有的企业动态变化趋势可能改变。除此之外，我们通过分析海关原始数据发现，出口企业间存在着显著的贸易方式转化，即加工贸易企业可能受到政策的影响而转化为一般贸易方式，反之同理。与以往关于企业动态的研究不同，本章将从企业进入、退出和贸易方式转化三方面来分析政策冲击对企业动态的影响。企业动态变化（Firm Dynamics）可以看作市场中企业的生存状态，以往研究一般将企业动态分为在位企业、新进入企业和退出企业三种状态。一般来讲，对于使用年度海关数据对企业动态进行分解的方法分为"两年判断标准"和"三年判断标准"。

首先，分别对比"两年判断标准"和"三年判断标准"。对于"两年判断标准"，我们将 t 期出口企业分解为在位企业（x）和新进入企业（y），假设 t 期出口企业总量（z），则 t 期企业构成如公式（3-10）所示。相对于（$t+1$）期部分企业退出出口市场（$exit$），部分企业发生贸易方式改变（c），其他企业则没有发生任何变化（s），则 t 期企业构成可以进一步表示如公式（3-11）所示。

$$x_t + y_t = z_t \qquad (3-10)$$

$$x_{t,s} + x_{t,c} + x_{t,exit} + y_{t,s} + y_{t,c} + y_{t,exit} = z_t \qquad (3-11)$$

借鉴李坤望等（2014）的方法定义"三年判断标准"，从而将企业动态分为持续存在、新进入、退出、进入复退出四种状态。除此之外，以往研究大多忽略中国贸易方式结构及其随时间变化的情况，从而忽略了企业贸易方式转化的事实。例如，对于加工贸易企业在下一期转化为一般贸易企业，则可以看作企业在当期从加工贸易方式中退出,同时在下一期进入一般贸易方式,因而企业动态理论框架可以进一步拓展。我们参照"三年判断标准"定义贸易方式转化,则可以将企业动态进一步延伸出"转化进入""转化退出""连续转化"三种状态,具体定义如表3-19所示。

表3-19 按照"三年判断标准"定义企业动态

企业动态	前一期（$t-1$）	当期（t）	后一期（$t+1$）
新进入	不存在	存在	存在（未转化）
持续存在	存在	存在（未转化）	存在（未转化）
退出	存在	存在（未转化）	不存在
仅存在一年	不存在	存在（未转化）	不存在（未转化）
转化进入	不存在	贸易方式转化	存在（未转化）
转化退出	存在	存在（未转化）	贸易方式转化
连续转化	存在	贸易方式转化	贸易方式转化

注:"贸易方式转化"为企业加工贸易方式与一般贸易方式的相互转变,括号内"未转化"特指贸易方式未转化。

其次,按照上述方法,我们将当期在市场中的企业按照企业动态进行分解,假设t期的出口市场,我们可以分解持续存在、新进入、退出、进入复退出、转化进入、转化退出和连续转化七种状态,分别用c、en、ex、nx、cve、cvx和cvn表示,市场中所有的企业用z表示,则相应的分解如公式(3-12)所示。企业在加工贸易转型升级战略的影响下,需要对生存状态做出选择,即是继续留在市场还是退出市场,而选择留在市场的企业同样面临着选择,是否保持原有生产战略不变,这可以看作贸易方式的转变。ex和nx表示($t-1$)期持续存在和新进入市场但在t期退出市场的企业,可以称为市场调节机制影响下企业自选择的一种淘汰效应。cvx和cvn表示($t-1$)期在位或者新进入市场但在t期发生或将发生贸易方式转化的企业，可以看作企业的一种自我学习效应。en 表示 $(t-1)$ 期新进入市场但在 t 期成功生存下来的企业，可以衡量新进入企业的生存能力，考虑时间因素后，企业生存能力可能随时间逐渐增强，我们将其看作企业的另一种学习效应。因此，企业动态变化反映了企业的生存状态和能力，在本章后文我们也将重点分析企业动态变化的机制作用。

$$c_t + en_t + ex_t + nx_t + cve_t + cvx_t + cvn_t = z_t \qquad (3-12)$$

通过对比可以看出，"两年判断标准"相比于"三年判断标准"的定义方法更为简单。但是，"两年判断标准"将不能识别当年进入复退出的企业，从而对仅存在一年的企业状态出现定义误差。因此，本章主要参照"三年判断标准"定义企业动态，将当期企业具体分为留存企业、退出企业（$exit$）、新进入企业（$enter$）和贸易方式发生转化的企业（$trend$）。

最后，我们进一步计算出留存、退出、进入和贸易方式转化部分的出口比重，统计在表 3-20 中。从表 3-20 中可以看出，加工贸易企业和一般贸易企业退出、留存、转化和新进入部分的企业出口比重虽然发生动态变化，但是从整体来看，各部分比重变化不大，结合本章后文企业动态变化趋势图来看，动态变化发生在 2003 年及以后年份，并且，加工贸易企业的退出和转化部分虽然使企业出口比重下降，但是新进入部分却使出口比重上升。加工贸易出口额有降低通道，也有上升通道，这可能是在宏观出口层面上加工贸易和一般贸易出口额变动趋势基本保持一致的一个原因。因此，本章着重从企业层面研究企业动态变化与企业出口量和国内附加值率之间的关系。

表 3-20　企业动态分解各部分出口额比重变化　　单位：%

年份	退出部分企业样本		留存部分企业样本		转化部分企业样本		新进入部分企业样本	
	一般贸易企业	加工贸易企业	一般贸易企业	加工贸易企业	一般贸易企业	加工贸易企业	一般贸易企业	加工贸易企业
2001	1.14	1.06	36.81	47.51	5.88	7.60	3.64	2.19
2002	0.97	0.83	31.99	56.70	4.77	4.74	3.48	2.53
2003	0.92	0.81	36.32	52.68	5.29	3.98	3.27	3.27
2004	1.21	0.59	34.19	52.20	5.33	6.48	3.98	3.01
2005	1.30	0.84	35.67	50.05	5.19	6.96	3.24	2.33

注：2000 年不能识别新进入市场企业，2006 年不能识别退出市场企业，我们仅列出 2001—2005 年数据。

（二）企业动态的定义

借鉴李坤望和蒋为（2015）的方法，我们定义企业动态。假设 ($t-1$) 期为基期，如果 t 期企业相对基期依然存在市场，那么我们定义为"在位企业"。相对于 ($t-1$) 期新进入市场的 t 期企业，我们定义为"新进入企业"，并设置进入概率（enter），将 t 期新进入市场的企业设置为 1，其他企业则设置为 0。($t-1$) 期在市场但 t 期退出市场的企业，我们定义为"退出企业"，并设置退出概率（exit），我们将即将在 t 期退出市场的企业设置为 1，其他企业设置为 0。退出市场包括：第一，企业完全停止生产，在市场中退出。第二，企业仍然生产，仅仅退出出口市场。因为计算方法造成部分数据重叠，为了排除进入、退出的干扰，我们剔除新进入和退出市场的企业样本，进一步识别出在位企业中发生贸易方式变化的企业，并设置贸易方式变化概率（trend）。我们将 ($t-1$) 期和 t 期在位企业进行对比，将企业贸易方式发生变化的企业设置为 1，其他企业则设置为 0。

除此之外，受到政策冲击的新进入企业的生存概率可能更低。借鉴Cadot等（2013）的方法，我们定义企业的生存特征如公式（3-13）所示。我们将新进入市场企业样本与第三年企业进行对比，识别出继续生存在市场的企业样本（continus），将第三年继续存在市场的企业设置为1，退出市场的企业设置为0。

$$continus_{j,t} = \begin{cases} 1, enter_{j,t} = 1, exit_{j,t+1} = 0 \\ 0, enter_{j,t} = 1, exit_{j,t+1} = 1 \end{cases} \quad (3-13)$$

为了能够识别加工贸易企业和一般贸易企业之间的贸易方式转化，同时考虑混合贸易的影响，我们先区分企业类型，并进一步将样本归类到实验组和对照组，然后将标注为"进料加工贸易"和"来料加工装配贸易"的企业作为加工贸易企业，仅从事一般贸易方式的企业作为一般贸易企业，同时从事两种贸易方式的企业作为混合贸易企业。混合贸易企业数量在样本中占30%左右，按照混合贸易企业的加工贸易方式出口额占总出口额比重的大小进行划分，使用四分位数法对混合贸易企业进行分组，具体分为：［0%，25%］组、（25%，50%］组、（50%，75%］组和（75%，100%］组。将混合贸易企业中（25%，75%］组的样本进行剔除以设置带宽，将［0%，25%］组的样本和一般贸易企业一同归类到对照组，将（75%，100%］组的样本和加工贸易企业一同归类到实验组，具体的分组依据见本章后文说明。因为有混合企业样本，本章进行同向变化设置，将实验组企业（包括归类到实验组的混合贸易企业）和对照组企业（包括归类到对照组的混合贸易企业）之间的变动作为设置标准。比如，如果加工贸易企业转化为混合企业中加工贸易出口比重按照四分位分组在（75%，100%］组的企业，那么我们将其作为未变化处理。

(三) 加工贸易转型升级战略与企业动态

加工贸易转型升级战略可能通过影响企业的进入（enter）、退出（exit）、生存（continus）和贸易方式转化（trend）来调节企业出口量和国内附加值率。我们通过实验组和对照组企业的对比分析，分别从进入、退出、生存和贸易方式转化等角度展开研究，其中新进入市场企业的退出情况可以用反向指标生存（continus）的概率来衡量。最终，企业的4种企业动态（包括退出、进入、生存和贸易方式转化）的变化趋势如图3-4、图3-5、图3-6和图3-7所示。可以看出，2003年以前实验组和对照组企业的动态变化趋势基本一致，2003年及以后实验组和对照组的动态变化趋势出现明显波动，企业动态变化的时间点与加工贸易转型升级国家战略开始实施的时间点一致。因此，本章试图从加工贸易转型升级战略角度进行解释，并且主要研究上述4种动态变化与企业出口量以及国内附加值率之间的关系，重点分析企业经营主体结构变化与企业出口量以及国内附加值率变动的内在联系。

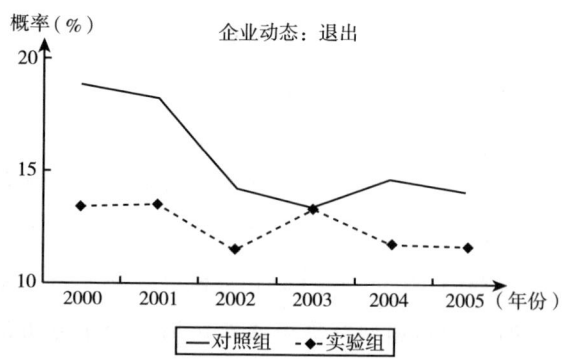

图3-4　实验组和对照组中企业退出概率的变化趋势

注：纵坐标轴表示企业退出市场的概率，横坐标轴表示年份。

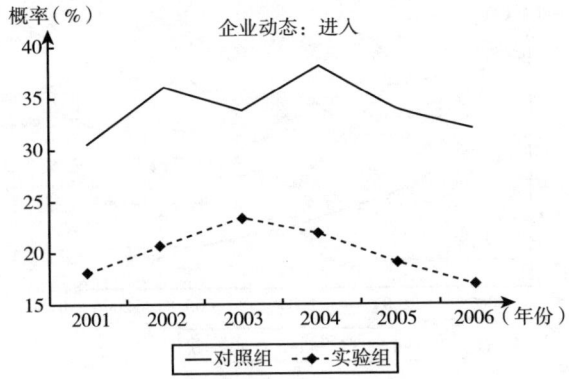

图 3-5　实验组和对照组中企业进入概率的变化趋势

注：纵坐标轴表示企业新进入市场的概率，横坐标轴表示年份。

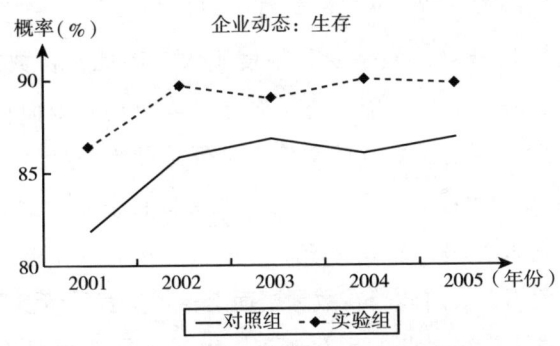

图 3-6　实验组和对照组中企业生存概率的变化趋势

注：纵坐标轴表示新进入市场企业的生存概率，横坐标轴表示年份。

从图 3-4 中可以看出，实验组（加工贸易企业）的退出概率在 2003 年相对于对照组（一般贸易企业）有上升的波动或者变化趋势。因此，加工贸易转型升级战略在数据层面上，可能促进了企业退出市场，因而存在着政策的淘汰效应，我们在本章后文检验是否是外资企业。从图 3-5 中可以看出，实验组（加工贸易企业）

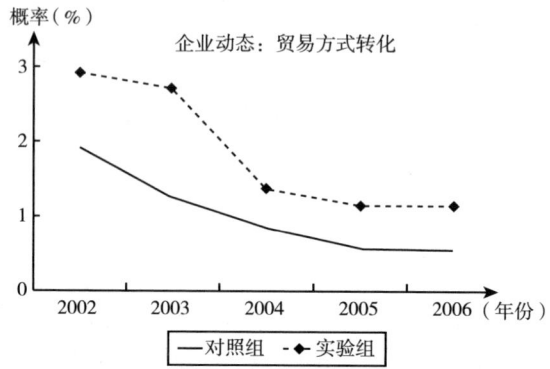

图 3-7 实验组和对照组中企业贸易方式转化概率的变化趋势

注：纵坐标轴表示贸易方式的转化概率，横坐标轴表示年份。

的新进入市场的概率在2003年相对于对照组（一般贸易企业）有轻微上升的变化趋势，但是变化幅度不大。因此，在数据层面上，加工贸易转型升级战略可能促进了企业进入市场，因而可能存在政策的扶持作用，我们在本章后文检验是否是民营企业。

从图3-6中可以看出，实验组（加工贸易企业）的新进入市场企业的生存概率在2003年相对于对照组（一般贸易企业）有下降波动且变化幅度不大。因此，在数据层面上，加工贸易转型升级战略可能降低了新进入市场企业的生存概率。由于生存概率是退出概率的反向指标，因而图3-6和图3-4的结论是一致的。从图3-7中可以看出，实验组（加工贸易企业）发生贸易方式转化的概率在2003年相对于对照组（一般贸易企业）有上升的变化趋势。因此，在数据层面上，加工贸易转型升级战略可能促进了加工贸易和一般贸易企业之间的转化。其中，政策更多的是，促进了加工贸易方式向一般贸易方式的转化，我们在本章后文验证是否存在这种转化，进而拓展了企业动态理论。

三、企业动态与企业出口之间的联系

如本章前文所述,在加工贸易转型升级战略的政策目标导向下,实验组的企业动态将发生改变。从加工贸易转型升级战略的目标角度来看,促进加工贸易经营主体的多元化将有利于更多的民营企业进入出口市场。同时,在促进延伸生产链和提高技术含量、附加值的政策目标的共同作用下,较低附加值的外资企业将可能退出市场。长期来看,出口结构的优化意味着依赖加工贸易出口的局面将逐步改善,因而原来的加工贸易企业可能更换贸易方式转化为一般贸易企业。因此,加工贸易转型升级战略可能影响加工贸易企业的进入、退出和贸易方式的转化,甚至影响新进入市场企业的生存状态。

但是,由于不同贸易方式中不同经营主体企业的出口量和国内附加值率的数值存在显著的差异,并且政策影响下不同性质的企业的进入、退出、生存和贸易方式转化情况也存在不同,因此,加工贸易转型升级战略可能通过影响企业动态变化进而对企业出口造成影响。这样的作用机制是否真实存在,需要我们分别针对退出、进入、生存和贸易方式转化路径四个方面进行分析。

从图 3-4 可以看出,加工贸易转型升级战略可能促进了加工贸易企业退出出口市场。由于外资企业是规制的重点,因而退出市场的企业更可能是外资企业。结合表 3-17 可以看出,加工贸易中外资企业的出口量相对民营企业更高,而一般贸易中外资企业的出口量相对民营企业差异较小,因此外资企业的退出将导致加工贸易企业出口量的下降。同理,结合表 3-18 可以看出,加工贸易中外资企业的国内附加值率相对民营企业更低,而一般贸易中外资企业的国内附加值率相对民营企业差异较小，因此外资企业的退出将导致加工贸易企业国内附加值率的上升。综合来看，在退出路径上，加工贸易转型升级战略将有利于降低企业出口量和提高国内附加值率。

从图3-5可以看出，加工贸易转型升级战略可能促进了加工贸易企业进入出口市场。由于民营企业是政策扶持的重点，因而进入市场的企业更可能是民营企业。从表3-17可以看出，加工贸易中民营企业的出口量相对外资企业更低，而一般贸易中外资企业的出口量相对民营企业差异不大，因此，民营企业的大量进入市场将导致加工贸易企业出口量的相对下降。同理，从表3-18可以看出，加工贸易中民营企业的国内附加值率相对外资企业更高，而一般贸易中外资企业的国内附加值率相对民营企业差异不大，因此，民营企业的大量进入市场将导致加工贸易企业国内附加值率的上升。综合来看，在进入路径上加工贸易转型升级战略有利于降低加工贸易企业的出口量，但同时也降低了国内附加值率。

从图3-6可以看出，加工贸易转型升级战略可能降低了加工贸易新进入市场企业的生存概率。这与政策提高加工贸易企业退出概率的结论基本一致，即生存概率越低，则退出概率越高。可以推断，加工贸易中民营企业可能将更大概率进入市场，并且相较于外资企业具有更高的生存概率。结合表3-17和表3-18可知，加工贸易中民营企业相对于外资企业具有更低的出口量和更高的国内附加值率，但是这在一般贸易中差异不大。因此，随着加工贸易中更低出口量和更高国内附加值率的民营企业进入市场并生存下来，最终将可能导致降低加工贸易企业的年平均出口量，同时提升企业出口的国内附加值率。

从图 3-7 可以看出，加工贸易转型升级战略可能对出口企业相互之间的贸易方式转化具有实质作用。其中，主要体现在加工贸易企业转化为一般贸易企业。贸易方式的转化情况相对比较复杂，如果一个加工贸易企业发生贸易方式转化，则意味着企业将退出加工贸易方式，同时在下一年进入一般贸易方式。测算的数据显示，加工贸易企业相对一般贸易企业的出口量更高，大约高10%。同时，一般贸易企业相对加工贸易企业的国内附加值率更高，大约高40%。因此，更多加工贸易企业转化为一般贸易企业，则意味着实验组更高出口量和更低国内附加值率的企业转化退出，同时转化进入对照组。这最终将导致加工贸易企业平均出口量的下降和国内附加值率的上升。

综合而言，本章分别从退出、进入、生存和贸易方式转化四种路径进行数据分析，结果显示，企业动态变化最终导致了加工贸易企业降低了出口量和提高了国内附加值率。但是，这样的结论是否具有客观性和可靠性，我们在本章后文中再进一步做实证检验。

第六节 关于作用机制的实证检验

在关于作用机制的数据分析基础上，本章进一步使用实证方法进行作用机制的实证检验。从本章前文可知，加工贸易转型升级战略的政策目标之一是促进经营主体结构的优化，主要体现在提高民营企业的数量和出口比重。因此，加工贸易转型升级战略可能促进加工贸易中民营企业进入市场，而外资企业可能受到压力而退出市场。同时，加工贸易转型升级战略的目标之二是促进加工贸易的附加值升级，因而较低国内附加值率的外资企业可能将退出市场，以满足政策的要求。此外，在加工贸易转型升级战略影响下，加工贸易企业的资源配置状况可能发生改变，这可能涉及企业的进入、退出甚至贸易方式的转化。

因此，企业动态变化既可能是加工贸易转型升级战略带来影响的外在表现，也可能是加工贸易转型升级战略调整企业出口的内在作用机制。接下来，我们进一步验证加工贸易转型升级战略对企业动态的影响，以及企业动态变化在加工贸易转型升级战略对企业出口量和国内附加值率影响中的中介作用。

一、关于企业动态的检验

从已有研究中可知，企业动态是市场机制调节资源再配置的过程（李坤望和蒋为，2015）。在加工贸易转型升级战略的影响下，加工贸易企业的动态变化趋势可能发生改变，受加工贸易转型升级战略规制的企业可能退出市场，而受政策扶持的企业更可能留存在市场。其中，新进入市场的企业受到政策扶持而可能获得更大的生存概率，否则将退出市场。那么，加工贸易转型升级战略是否可以影响企业的动态变化（包括进入、退出、生存和贸易方式转化）？

本章需要做进一步的实证检验，将 Probit 模型与 DID 模型结合进行验证。在计量模型中控制了年份、二位数行业和省份层面的固定效应，并且对协方差在省份层面进行了聚类调整。需要说明的是，为了能够保证回归结果的客观性，在本部分主要使用海关层面全样本数据，虽然控制变量中缺少了部分从工业企业数据库中构造的变量，但是并不能影响最终的实证结果。

本章定义企业的四种动态，将全样本企业分别识别为新进入市场的企业（enter）、退出市场的企业（exit）、新进入企业继续生存在市场的企业（continus）和贸易方式发生转变的企业（trend）。在实证检验中，剔除了混合贸易企业中加工贸易方式出口比重按照四分位数分组在（25%，50%］组和（50%，75%］组的样本。在验证加工贸易转型升级战略对实验组与对照组之间贸易方式转化的影响中，为了排除进入和退出的潜在干扰，仅保留了在位企业的样本。

关于加工贸易转型升级战略对企业动态变化的影响，具体的回归结果如表3-21所示。从表3-21中第（1）至第（4）列回归结果可以看出，exit、enter 和 trend 的交叉项 tt 的系数显著为正，即加工贸易转型升级战略提高了加工贸易企业的退出、进入和转化概率。同时，continus 的交叉项 tt 的系数显著为负，说明加工贸易转型升级战略降低了新进入市场中企业的生存概率，在新进入市场的企业中加工贸易企业的生存概率更低。由于生存概率反向反映了退出概率，如果新进入企业的生存概率越低，则退出概率越高。

表3-21　加工贸易转型升级战略对企业动态的影响

变量	(1) 退出 exit	(2) 进入 enter	(3) 生存 continus	(4) 贸易方式转化 trend
tt	0.158*** (0.0217)	0.128*** (0.0092)	-0.114*** (0.0288)	0.104*** (0.0132)
样本量	569566	678012	142084	317642

在加工贸易转型升级战略影响下企业动态发生变化的原因在于：第一，企业动态变化反映了企业在市场中的优胜劣汰过程，受规制企业因为加工贸易转型升级战略要求而可能面临更高的调整成

本,不符合政策目标导向的企业可能逐渐被市场淘汰。对于新进入企业,加工贸易企业的生存概率更低(或者退出概率更高),这说明政策对于新进入企业的市场机制依然是淘汰机制。第二,加工贸易中更多的民营企业可能进入市场,这与加工贸易转型升级战略目标要求促进经营主体多元化,进而对民营企业有政策扶持有关。第三,实验组与对照组之间发生贸易方式转化是加工贸易企业适应政策要求的一种途径,改变生产策略而变为一般贸易方式可以避免政策的直接冲击,从而可以减小规制带来的调整成本。同时,企业具有自我学习能力,为提高在市场的生存概率,改变生产策略或者贸易方式可能是一种适应市场和政策的有效途径。

二、企业动态与企业出口的内在联系

为了进一步检验企业动态变化在加工贸易转型升级战略对企业出口量和国内附加值率的影响中是否存在实质作用,我们借鉴已有研究的做法,使用中介效应模型进行实证检验。

由于企业出口的国内附加值率(DVAR)等指标需要用到企业层面的指标,因而需要用到工业企业数据库。本部分我们主要使用海关与工业企业匹配数据进行中介效应的实证检验。进入(enter)、退出(exit)、生存(continus)和贸易方式转化(trend)可能是加工贸易转型升级战略影响下市场调节机制的影响渠道,本章使用中介效应模型检验企业动态变化(包括进入、退出、生存和贸易方式转化)的市场调节机制。具体的中介效应模型如公式(3-14)和公式(3-15)所示,被解释变量为企业出口的国内附加值率(DVAR)。中介变量enter、exit、continus 和 trend 统一使用 FD 来表示,公式中包含的其他字母和变量的含义与本章前文一致。

第三章 加工贸易转型升级战略对企业出口的影响

$$DVAR_{tj} = \alpha_j + \chi_t + \beta_1 \cdot treat_j \cdot time_t + \sum_n \delta_n \cdot X_{tj} + \varepsilon_{tj} \tag{3-14}$$

$$DVAR_{tj} = \alpha_j + \chi_t + \beta_1 \cdot treat_j \cdot time_t + \beta_2 \cdot FD_{tj} + \sum_n \delta_n \cdot X_{tj} + \varepsilon_{tj} \tag{3-15}$$

使用中介效应模型的回归结果如表3-22所示,从第(1)、第(2)、第(4)列的中介效应的检验结果可以看出,进入(enter)、退出(exit)和贸易方式转化(trend)的回归系数显著为正,经Sobel检验显示 enter、exit 和 trend 是显著的中介变量。结合本章中表3-21的回归结果进行分析,说明加工贸易转型升级战略通过提高企业进入、退出和贸易方式转化的概率,进而提高企业出口的国内附加值率。但是,从表3-22中第(3)列可以看出,贸易方式转化(continus)的回归系数没有通过10%的显著性检验,因此从计量上看,不能证明新进入市场的企业生存状态在加工贸易转型升级战略对企业出口国内附加值率中起到了实质性作用。其中原因可能也在于,新进入市场企业的生存状况包含在企业退出部分,但是单独检验将导致样本数量的大量减少,从而导致估计结果可能存在偏差。因此,本章后文关于企业动态的数据分析部分,主要从企业退出部分、进入部分和贸易方式转化部分三方面展开数据分析。

表3-22　　　　　　企业动态与国内附加值率

变量	(1) 退出 DVAR	(2) 进入 DVAR	(3) 生存 DVAR	(4) 贸易方式转化 DVAR
tt	0.059*** (0.0044)	0.055*** (0.0043)	0.048 (0.3847)	0.053*** (0.0055)

续表

变量	(1) 退出 DVAR	(2) 进入 DVAR	(3) 生存 DVAR	(4) 贸易方式转化 DVAR
exit	0.022* (0.0109)			
enter		0.007*** (0.0024)		
continus			-0.004 (0.0537)	
trend				0.005*** (0.0011)
样本量	126038	153959	18118	90257
R^2	0.936	0.934	0.997	0.950

企业动态与企业出口量之间是否具有联系？本章借助于中介效应模型进行实证检验，回归结果如表3-23所示。具体的中介效应模型如公式（3-16）和公式（3-17）所示，被解释变量为企业的出口量（lnexport）。其中，中介变量 enter、exit、continus 和 trend 统一使用 FD 来表示，公式中包含的其他字母和变量的含义与本章前文的含义保持一致。

表3-23　　　　　企业动态与企业出口量

变量	(1) 退出 lnexport	(2) 进入 lnexport	(3) 生存 lnexport	(4) 贸易方式转化 lnexport
tt	-0.031*** (0.0043)	-0.009* (0.0055)	-0.012 (0.2509)	-0.015*** (0.0028)

续表

变量	(1) 退出 lnexport	(2) 进入 lnexport	(3) 生存 lnexport	(4) 贸易方式转化 lnexport
exit	-0.076*** (0.0060)			
enter		-0.064*** (0.0023)		
continus			0.139 (0.1642)	
trend				0.031*** (0.0068)
样本量	126038	153959	18118	90257
R^2	0.884	0.873	0.991	0.923

$$lnexport_{tj} = \alpha_j + \chi_t + \beta_1 \cdot treat_j \cdot time_t + \sum_n \delta_n \cdot X_{tj} + \varepsilon_{tj} \tag{3-16}$$

$$lnexport_{tj} = \alpha_j + \chi_t + \beta_1 \cdot treat_j \cdot time_t + \beta_2 \cdot FD_{tj} + \sum_n \delta_n \cdot X_{tj} + \varepsilon_{tj} \tag{3-17}$$

从表 3-23 中可以看出,除第(3)列以外,交叉项 tt 的回归系数显著为负数,第(1)和第(2)列的中介效应检验结果显示,enter 和 exit 的系数显著为负数,第(4)列的回归结果表明 trend 的回归系数显著为正数,经 Sobel 检验显示 enter、exit 和 trend 是显著的中介变量。因此,综合来看,exit 和 enter 在加工贸易转型升级战略对企业出口量的作用中起到了降低加工贸易企业出口量的作用。trend 在加工贸易转型升级战略对企业出口量的作用中起到了提高加工贸易企业出口量的作用。从第(3)列可以看出,continus 的回归系数没有通过显著性检验，因此从计量上看，不能证明新进企业生存状态在加工贸易转型升级战略调整企业出口量中起到实质性的作用，并且这与本章前文的回归结果基本一致。

因此，加工贸易转型升级战略提高了企业退出、进入和贸易方式转化的概率，降低了新进入市场企业的生存概率，并且企业动态的变化影响着企业平均出口量的变化。随着退出和进入概率的增大，加工贸易转型升级战略降低了加工贸易企业的平均出口量。与此同时，也存在着反向作用，即贸易方式转化概率越高，加工贸易转型升级战略越有利于减弱对加工贸易企业出口量的负向作用程度。但是，从企业样本数量角度来看，发生贸易方式转化的样本仅占总样本数量的1%左右，因而其作用机制在加工贸易转型升级战略对企业出口量的影响相对较小，不能抵消或者超过企业进入和退出的影响。

本章前文通过实证方法验证了加工贸易转型升级战略对企业动态造成了实质性影响。加工贸易转型升级战略通过提高企业的进入、退出和贸易方式转化概率进而促进了加工贸易企业由低附加值向高附加值升级。同时，加工贸易转型升级战略通过提高企业进入和退出概率进而降低了企业的出口量，通过提高贸易方式转化概率进而提高企业的出口量。但是，加工贸易转型升级战略具体是如何影响企业的动态变化的？我们在本章后文主要通过对退出部分、进入部分和贸易方式转化部分进行数据分析，进而对此进行解释。在中介效应检验部分中，关于生存概率的检验没有通过显著性检验。此外，新进入市场企业是否退出市场实际上已经包含在了企业退出部分，并且样本量非常少，因而本章后文不再针对此部分进行数据分析。

三、关于退出、进入和贸易方式转化部分的数据分析

(一) 退出部分的数据分析

表 3-24 主要统计了实验组或者对照组中退出部分民营、国有和外资企业数量占该组总样本量的比例。从表 3-24 中可以看出，2002 年以前民营企业具有最高的退出率，比例达 82% 以上，不同企业类型构成比例基本不变。2002—2003 年民营企业退出率大幅度下降至 14.25%，国有企业和外资企业退出率则迅速攀升，其中外资企业比例达到 56.22%。从整体看，从 2003 年后民营企业的退出率呈上升趋势，国有企业和外资企业呈下降趋势。

表 3-24　　　退出市场企业数量比例统计表　　　单位：%

企业类型	2000—2001 年	2001—2002 年	2002—2003 年	2003—2004 年	2004—2005 年	2005—2006 年
全样本退出企业						
民营企业	82.56	82.20	14.25	24.33	37.55	45.85
国有企业	5.35	6.12	29.52	26.61	20.44	15.18
外资企业	12.10	11.67	56.22	49.05	42.01	38.97
对照组（一般贸易）企业						
民营企业	81.52	83.87	15.16	25.78	43.69	53.95
国有企业	6.51	6.98	37.21	32.30	22.81	16.30
外资企业	11.97	9.15	47.63	41.91	33.50	29.76
实验组（加工贸易）企业						
民营企业	82.47	77.33	17.29	27.82	25.48	23.55
国有企业	3.83	4.14	12.82	12.05	10.30	8.57
外资企业	13.70	18.53	69.89	60.13	64.22	67.88

可以推断,加工贸易转型升级战略对企业退出概率影响初期更大,随着时间的延长,政策效力逐步减弱。对比来看,一般贸易民营企业比例逐步增大,加工贸易则呈减小趋势。从政策影响持久力来看,政策对一般贸易企业退出概率的影响呈一次总量的特征,但对加工贸易的影响则更具有持久的影响力。一般贸易中外资企业比例逐年下降,加工贸易则逐年增大。因此,加工贸易转型升级战略促进了加工贸易中外资企业退出市场,民营企业和国有企业获得更多的生存比例,因而加工贸易中民营企业相比一般贸易企业退出率更低。

从本章前文表 3-18 中可以看出,加工贸易中外资企业的出口国内附加值率($DVAR$)最低,民营企业的出口 $DVAR$ 最高,但是一般贸易企业出口 $DVAR$ 的数值差异不大。因此,加工贸易转型升级战略促使企业动态或者经营主体结构变化最终将使得实验组和对照组企业平均国内附加值率数值发生显著变化。

结合本章中表 3-24 可以进一步判断,加工贸易转型升级战略更可能促进了加工贸易中较低 $DVAR$ 的外资企业退出市场,同时抑制了较高 $DVAR$ 的民营企业退出市场。企业动态变化更可能受到政策促进经营主体多元化目标影响而体现在经营主体结构的变化上。那么,经营主体的结构变化是否与企业出口 $DVAR$ 的变化有关?下面我们使用海关原始数据,主要从企业动态的退出、进入和贸易方式转化三方面展开分析。

同时,我们借助海关和工业企业匹配数据分析不同 $DVAR$ 水平及不同经营主体企业在企业动态(包括退出、进入和贸易方式转化三部分)的企业数量构成及随年份的变化的情况。我们具体按照 $DVAR$ 数值大小使用三分位数法将企业划分为高、中、低三组,分

别用 H、M、L 表示,主要观察 $DVAR$ 在不同经营主体的分布情况,具体如图 3-8、图 3-10 和图 3-12 所示。

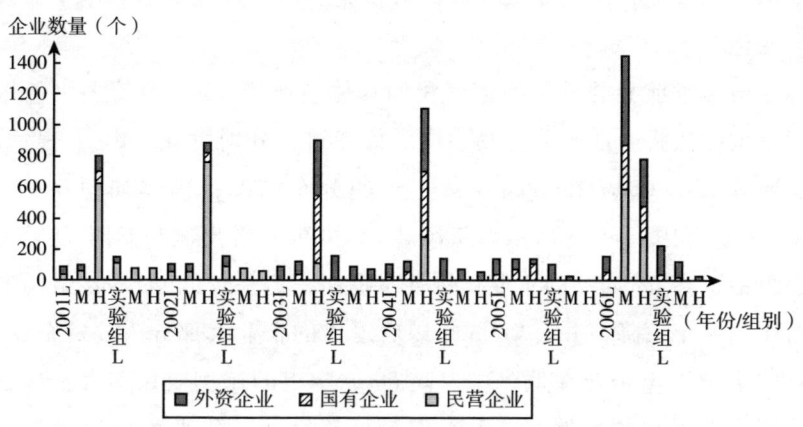

图 3-8 退出部分企业数量的分布情况和变动趋势

注:每一年的前 3 列为对照组,后 3 列为实验组,下图同。

从图 3-8 中可以看出,实验组主要是中、低 $DVAR$ 组的企业退出市场,高 $DVAR$ 组的退出比例逐年下降,并且 2003 年后退出的企业大部分为外资企业。对照组中退出企业集中在中、高 $DVAR$ 组,并且民营和国有企业比重较大,这和表 3-24 的分析结论一致。我们认为,加工贸易转型升级战略的目标是提高出口的国内附加值,而且规制重点主要为加工贸易企业。从退出角度来看,政策对于加工贸易企业是一种"优胜劣汰"的选择机制,对于低 $DVAR$ 的外资企业表现为一种淘汰效应,对于高 $DVAR$ 的民营企业则表现为选择效应,综合来看对于加工贸易企业出口 $DVAR$ 具有提升作用。

从本章前文表 3-17 中可以看出,加工贸易外资企业历年平均出口额大于民营企业,其中外资和民营企业的出口量($lnexport$)

差异较大。相反，一般贸易外资企业历年平均出口量与民营企业差异不大。因此，加工贸易转型升级战略促使企业动态或者经营主体结构变化最终将使实验组和对照组企业平均出口量数值发生了显著的变化。

与本章前文的设置类似，我们具体按照 lnexport 数值大小使用三分位数法将企业划分为高、中、低三组，分别用 H、M、L 表示，主要观察 lnexport 在不同经营主体的分布情况，具体如图 3-9、图 3-11 和图 3-13 所示。从图 3-9 中可以看出，2003 年以后实验组中、高 lnexport 的企业比例逐步提高，但是较低 lnexport 组的退出比例逐年下降，并且 2003 年以后退出的企业大部分为外资企业。对照组中退出企业在低、中、高 lnexport 组的比例变化不大，尽管外资企业退出的比例在上升，但是外资企业历年平均出口量与民营企业差异不大。因此，结合本章表 3-24 的数据分析结果，加工贸易转型升级战略促进了加工贸易中外资企业退出市场。但是，由于加工贸易中外资企业平均出口量最高，民营企业最低，

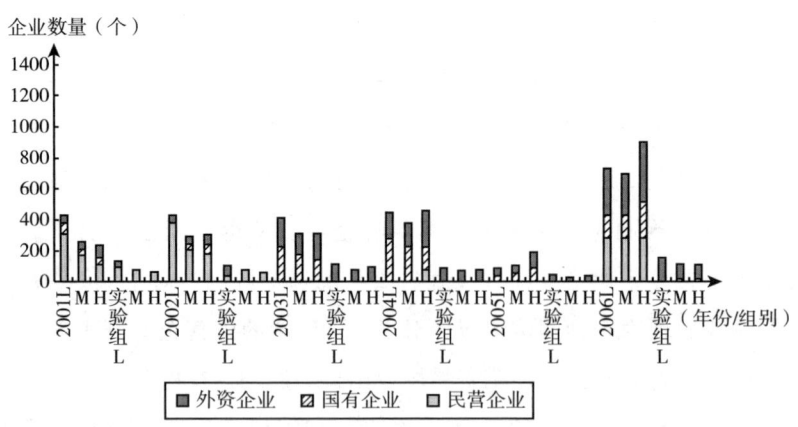

图 3-9　退出部分企业数量的分布情况和变动趋势

通过市场的淘汰机制促进了民营企业比例，同时降低了加工贸易的平均出口量。

（二）进入部分的数据分析

从表 3-25 中可以看出，2003 年以后民营企业进入市场的比例逐年增大，外资企业比例呈现下降趋势。实验组中外资企业进入市场的比例最大，2003 年平均达到 69%，对照组中民营企业进入市场的比例最大，平均达到 66%。在进入市场的所有企业中实验组和对照组中不同经营主体企业数量的比例变化趋势基本相同。

表 3-25　　　　新进入市场企业数量比例统计表　　　　单位：%

企业类型	2000—2001 年	2001—2002 年	2002—2003 年	2003—2004 年	2004—2005 年	2005—2006 年
全样本新进入企业						
民营企业	27.80	34.11	44.97	59.48	62.35	68.35
国有企业	22.28	16.83	11.55	7.08	5.40	3.77
外资企业	49.92	49.07	43.48	33.44	32.25	27.88
对照组（一般贸易）企业						
民营企业	32.26	40.46	52.22	67.42	69.18	73.72
国有企业	27.35	19.82	13.48	7.59	5.58	3.64
外资企业	40.39	39.72	34.30	24.99	25.24	22.64
实验组（加工贸易）企业						
民营企业	16.58	17.20	23.25	24.58	26.70	29.08
国有企业	9.51	8.84	5.75	4.85	4.49	4.71
外资企业	73.91	73.95	71.00	70.57	68.81	66.21

由于一般贸易中不同经营主体企业的 DVAR 平均数值的分布差异较小,从数值来看,大部分企业分布在 90% 左右,加工贸易中民营和国有企业的 DVAR 基本在 70% 左右,外资企业平均仅有 50%。因此,经营主体结构变动对于加工贸易企业的影响更大。因此,从表 3-25 中可以看出,民营企业比例上升和外资企业比例下降的结构变动有利于提高加工贸易企业的 DVAR。

结合图 3-10 做进一步的分析,实验组主要由中、低 DVAR 组企业进入市场,其中外资企业比例最大,对照组主要由高、中 DVAR 组企业进入市场,其中民营企业比例最大。实验组的经营主体结构变化不大,2003 年后民营企业的进入比例有所提升。但是,对照组的变化相对更大,具体表现在 2003 年后高 DVAR 组的 3 种经营主体企业数量的比例逐年降低,中、低 DVAR 组的 3 种经营主体企业数量的比例反而逐年增大。因此,从进入部分经营主体的结构变化来看,2003 年后加工贸易企业的出口 DVAR 呈上升趋势但是幅

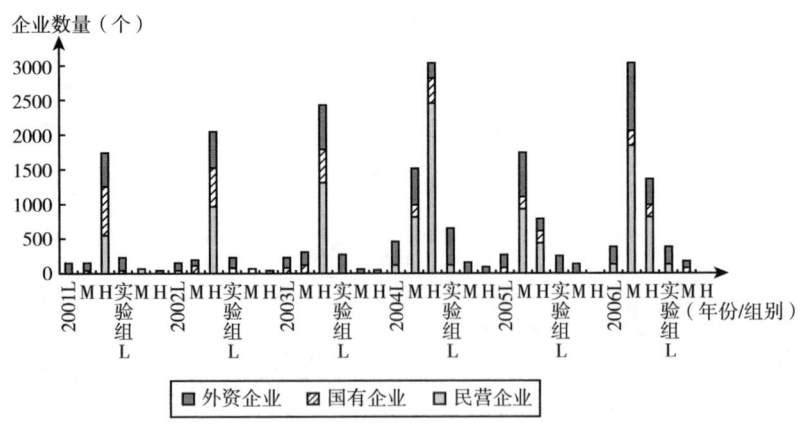

图 3-10　进入部分企业数量的分布情况和变动趋势

度可能不大,一般贸易企业的 *DVAR* 呈现下降趋势,这和表 3-25 中的分析结果基本一致。尽管从数据来看,政策的影响程度可能较小,但是也可以看作政策影响下的一种择优选择,政策促进经营主体多元化的目标更有利于提高加工贸易企业的出口 *DVAR*。

由于加工贸易外资企业的出口量远大于民营企业,民营企业最低,国有企业和外资企业更高。但是,这在不同性质的一般贸易企业中差异不大,特别是外资企业和民营企业的出口量大体相当。而从变化幅度来看,外资企业数量比例降低幅度和民营企业数量比例上升幅度都不大。因此,由表 3-25 可知,由于外资企业比例逐步下降,加工贸易企业中新进入市场的高出口量企业逐步减少,但是这对于一般贸易企业影响不大。综合来看,不同经营主体的结构变动是新进入部分加工贸易企业出口量相对更低的原因。

从图 3-11 可以看出,2004 年以后实验组的高 *lnexport* 组的企业数量比例相对 2003 年有所下降但是下降幅度不大,低 *lnexport* 组的企业数量比例有所上升。对比而言,2004 年以后对照组的中、高 *lnexport* 组的企业数量比例逐渐提高。因此,综合来看,实验组有降低企业出口量的倾向,而对照组有提升企业出口量的倾向。从图 3-11 中可以看出,进入部分不同出口量企业数量比例变化最终将导致加工贸易企业平均出口量下降。

(三) 贸易方式转化部分的数据分析

本章将企业动态理论引入研究,并且通过分析宏观数据发现了贸易方式转化的事实,从而拓展了企业动态的理论框架。下面我们分析贸易方式是如何在加工贸易企业、混合贸易企业和一般贸易企业间相互发生转化的,具体如表 3-26 所示。

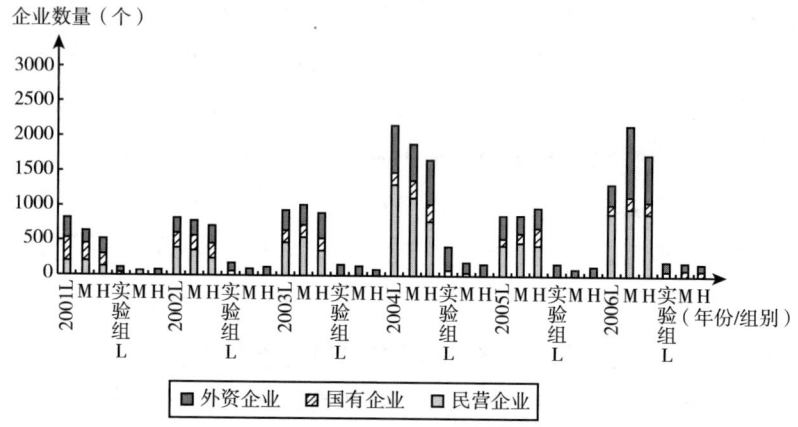

图 3-11　进入部分企业数量的分布情况和变动趋势

表 3-26　　　　　企业贸易方式转化的路径　　　　　单位：%

($t-1$)期企业类型 t期企业类型	一般贸易 加工贸易	加工贸易 一般贸易	一般贸易 混合贸易	加工贸易 混合贸易	混合贸易 一般贸易	混合贸易 加工贸易
2000—2001 年	0.66	0.74	33.95	25.23	23.37	16.05
2001—2002 年	0.41	0.73	26.10	23.64	31.11	18.01
2002—2003 年	0.28	1.00	23.75	22.53	37.59	14.84
2003—2004 年	0.26	0.73	26.40	23.49	34.70	14.42
2004—2005 年	0.34	0.65	24.22	23.67	35.64	15.47
2005—2006 年	0.48	1.06	18.36	22.79	39.58	17.75
平均水平	0.41	0.82	25.78	23.61	33.27	16.11

我们先把（$t-1$）期和 t 期企业进行对比，识别出前后两期贸易方式发生改变的企业，然后根据企业贸易方式变化方向进行标记。将第一期为一般贸易方式同时第二期为加工贸易方式的企业识别为第一类，将第一期为加工贸易方式同时第二期为一般贸易方式的企业识别为第二类，将第一期为一般贸易方式同时第二期为混合

贸易方式的企业识别为第三类，将第一期为加工贸易方式同时第二期为混合贸易方式的企业识别为第四类，将第一期为混合贸易方式同时第二期为一般贸易方式的企业识别为第五类，将第一期为混合贸易方式同时第二期为加工贸易方式的企业识别为第六类。

我们通过 ($t-1$) 期和 t 期对比进而识别出前后两期贸易方式发生改变的企业，具体情况如表 3-26 所示。通过数据分析和历年平均情况来看，加工贸易方式向一般贸易方式转化的比重占 0.41% 左右，加工贸易方式向一般贸易方式转化的比重占 0.82% 左右，同时，一般贸易方式和加工贸易方式向混合贸易方式转化的比重大致相当，占 24.5% 左右。因此，可以看出，加工贸易方式和一般贸易方式直接互转的比重较小，但整体上加工贸易方式向一般贸易方式直接转化的比重相对较大，一般贸易方式和加工贸易方式向混合贸易方式转化的比重大致相当。

其中，混合贸易方式向一般贸易方式转化的比重大于向加工贸易方式转化的比重，从历年平均情况来看，前者比重占 33.27%，后者仅占 16.11%。以 2003 年为时间分界点，从 2002—2003 年转化情况来看，向一般贸易方式转化的比例相比 2001—2002 年是增大，而向加工贸易方式转化的比重是下降。整体来看，政策促进了企业从加工贸易方式向一般贸易方式方向转化，优化了出口贸易方式结构。

从表 3-27 中可以看出，2003 年后实验组中民营企业发生贸易方式转化的比例明显下降，外资企业的比例增大，平均比例达到 73%，这说明加工贸易转型升级战略主要促进了外资企业发生贸易方式转化。由于贸易方式转化的情况相对比较复杂，如果一个加工贸易企业发生贸易方式转化，则意味着该企业将退出加工贸易方式,同时也意味着下一年进入一般贸易方式。因此,一个企业发生转化将同时影响到两种贸易方式。

表 3-27　在位企业中贸易方式转化部分的企业数量比例统计表

单位:%

企业类型	2000—2001年	2001—2002年	2002—2003年	2003—2004年	2004—2005年	2005—2006年
全样本发生转化的企业						
民营企业	2.65	3.05	3.07	3.04	2.95	2.59
国有企业	22.85	22.55	23.53	23.88	24.32	23.50
外资企业	74.49	74.40	73.39	73.07	72.73	73.91
对照组(一般贸易)企业						
民营企业	5.53	6.41	5.61	5.33	4.75	6.33
国有企业	37.36	35.47	35.64	35.48	39.25	39.78
外资企业	57.11	58.12	58.75	59.18	56.01	53.89
实验组(加工贸易)企业						
民营企业	0.84	0.84	0.67	1.23	1.13	0.71
国有企业	5.58	4.21	4.93	6.97	5.08	5.14
外资企业	93.58	94.95	94.40	91.80	93.79	94.14

尽管加工贸易转型升级战略促进了外资企业发生贸易方式转化,但是一般贸易企业的结构调整基本相似,且不同经营主体企业出口的国内附加值率($DVAR$)数值差异不大,因而政策带来的影响相对更小。可以推断,实验组低 $DVAR$ 的外资企业发生转化将在整体上提升加工贸易企业的 $DVAR$ 水平,同时也会降低一般贸易企

业的平均 DVAR 水平。高 DVAR 的民营企业减小转化比例将有利于提高加工贸易企业的 DVAR 水平。

结合表 3-27 和图 3-12 可以看出，实验组的中、低 DVAR 组企业的比例最大，每组中外资企业的比例最大；对照组的高、中 DVAR 组企业的比例最大，其中每组中民营、国有和外资企业比例大致相当，但是民营企业比例有所增加。这说明更多的中、低 DVAR 的外资企业退出加工贸易方式并进入一般贸易方式，同时，更多的高、中 DVAR 水平的企业退出一般贸易方式并进入加工贸易方式，最终的结果将有利于提升加工贸易企业的整体 DVAR 水平。

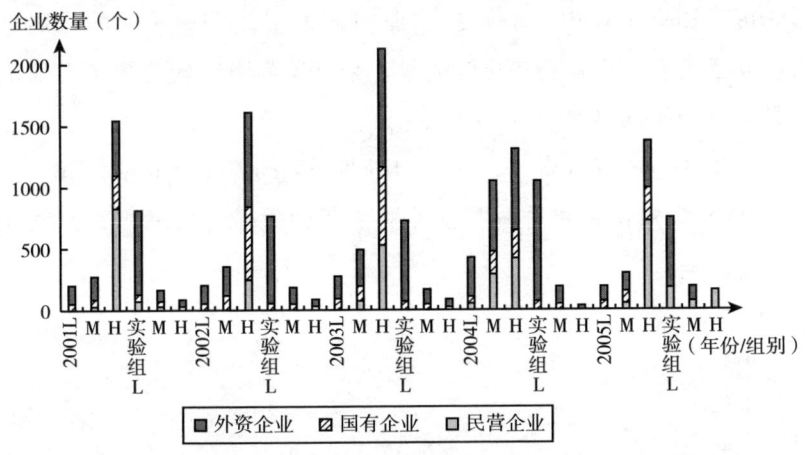

图 3-12　贸易方式转化部分企业数量的分布情况和变动趋势

从表 3-27 可以看出，外资企业数量比重最高，平均达到 70%，但是"全样本发生转化的企业"的企业类型比例分布与在位企业比例分布基本相同。从对比来看，加工贸易外资企业具有最高的比例，2003 年后呈现先下降后上升的变动趋势，一般贸易则基本呈下降趋势。国有企业中一般贸易呈现上升趋势，加工贸易则呈现先上升后下降趋势。从本章前文表 3-17 可以看出,加工贸易中外资企业的历年平均出口量为 13.53,一般贸易中外资企业的历年平均出口量为 12.89,前者高于后者。但是,加工贸易转型升级战略促进加工贸易中外资企业向一般贸易方式转化,更多的高出口量的加工贸易企业转化为一般贸易企业,这将降低加工贸易企业的出口量。与此同时,从表 3-17 可以看出,加工贸易中国有企业的历年平均出口量为 13.46,一般贸易中国有企业的历年平均出口量为 13.57,前者低于后者。但是,更多高出口量的国有性质一般贸易企业转化为加工贸易企业,这将有利于提高加工贸易企业的出口量。因为国有企业中一般贸易企业向加工贸易企业转化的比例更大,并且上升的变化趋势更为明显,最终贸易方式转化提高了加工贸易企业的平均出口量。

从图 3-13 可以看出,实验组的低 lnexport 组的企业数量比例在 2004 年以后出现提升,并且外资企业的数量有所增多,但是变

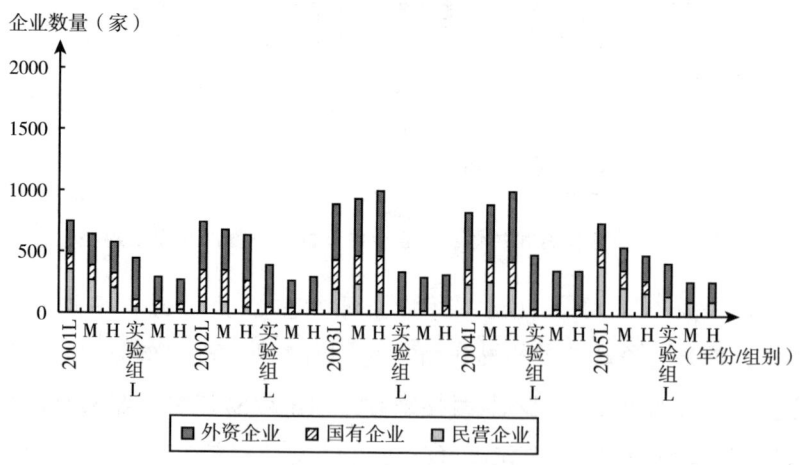

图 3-13 贸易方式转化部分企业数量的分布情况和变动趋势

化幅度不大。相反，对照组的高 lnexport 组的企业数量比例在 2003 年和 2004 年出现较大的提升，其中国有企业和民营企业数量相比 2001 年和 2002 年有所增多。因此，加工贸易转型升级战略促使较高出口量的加工贸易外资企业转化为一般贸易企业。与此同时，长期来看，加工贸易转型升级战略促使较高出口量的一般贸易企业转化为加工贸易企业。从贸易方式转化部分综合来看，加工贸易转型升级战略给加工贸易企业的出口量带来了正向影响，但是作用程度相对较小。

第七节 本章总结

本章主要介绍了所用数据的来源、计量模型设定和变量设定等方面，在前文数据分析和后文实证检验之间起到了承上启下的作用，并且对计量模型使用的合理性、变量的设定等进行了具体的介绍。本章主要使用实证方法重新验证了通过数据分析得出的结论，实证结果与前文推导的结论一致。除此之外，本章从政策目标角度出发，逐步引出加工贸易转型升级战略可能将影响企业的进入、退出、生存和贸易方式转化；进一步通过使用画图和数据分析的方法，发现了企业动态可能是加工贸易转型升级战略影响企业出口的作用机制。我们发现，加工贸易转型升级战略可以影响企业的动态变化，并且以此为作用机制来调整加工贸易转型升级战略对企业出口量和国内附加值率的影响。

第一，本章详细介绍了加工贸易转型升级战略出台的原因、政策文件和具体目标，发现加工贸易转型升级战略属于国家层面的宏观指导性政策，自 2003 年首次提出以后，各部委相继出台的相关政策一直在延续和更新，但是整体目标变化不大。从政策目标角度来看，延伸生产链、提高技术含量和附加值将有利于加工贸易转型升级战略提高加工贸易企业的国内附加值率，具体体现在出口"质量"的提升上。从政策要求加工贸易企业进行调整的角度看，受规制企业可能因政策调整而带来调整成本，进而扭曲企业的资源配置效率，最终降低企业出口量，体现了抑制企业出口的"数量"。从政策目标要求促进经营主体多元化角度来看，加工贸易中民营企业可能受到政策扶持而进入市场，外资企业则退出市场，甚至加工贸易企业向一般贸易发生转化，因此政策将可能影响企业的动态变化。

本章分别从加工贸易企业、混合贸易企业和一般贸易企业三种企业类型角度进行数据分析。发现自 2003 年以后加工贸易企业相对于一般贸易企业的平均出口量呈现下降趋势，同时加工贸易企业相对于一般贸易企业出口的国内附加值率呈现上升趋势。从变化趋势的时间点角度来看，这与加工贸易转型升级战略开始实施的时间点基本重合。因此，从数据层面验证了具备政策基础，加工贸易转型升级战略可能是导致上述变化的背后原因。同时，本章也发现了加工贸易转型升级战略对企业出口量和国内附加值率的影响存在结构性差异，研究的维度不同，政策的效果也不同，这对于以后中国产业升级政策的制定具有重要的启示性意义。

除此之外，从本章的推论中我们还发现了加工贸易转型升级战略可能将影响企业的动态变化，并且企业动态可能是在加工贸易转型升级战略对企业出口影响中起到机制作用。但是，是否真实存在，本章没有进行数据层面的验证。第四章我们将通过画图和数据分析的方式检验政策影响企业动态的事实基础,并且通过数据分析企业动态与企业出口之间的关系。

第二,本章主要研究加工贸易转型升级战略对企业出口影响的结构效应。本章后文从资源配置效应角度进行了实证检验。在这个过程中,整体上既需要海关层面的数据,也需要企业层面的数据,因此,本章将中国海关数据库和工业企业数据库进行了匹配和合并。由于海关数据起始于2000年,但是考虑到2007年以后海关数据质量下降,不能有效识别加工贸易企业,以及国际金融危机的潜在影响等因素的干扰,本章研究的时间范围定为2000—2006年。

借鉴现有研究产业政策的相关文献,我们认为加工贸易转型升级战略是一种具体的产业政策,因而具有一定的外生属性。因此,本章的计量模型采用双重差分法(DID模型),从而可以规避政策指标无法有效衡量,以及可以通过时间前后和实验组与对照组之间的两次差分来排除其他潜在政策因素的干扰。加工贸易转型升级战略属于国家层面上的宏观政策,从政策目标等角度看主要针对加工贸易企业,因此本章将加工贸易企业作为实验组。一般贸易企业与加工贸易企业同属于出口企业,并且同时受到除了加工贸易转型升级战略以外的其他国际经贸环境和贸易政策等的影响,因而可以作为合适的对照组。鉴于混合贸易企业样本量较大,并且在加工贸易方式出口比重较大时企业特征更接近于加工贸易企业,在出口比重较小时企业特征更接近于一般贸易企业,因此本章按照混合贸易企业分别与加工贸易企业和一般贸易企业的相似程度归类到相应的实验组和对照组。

本章主要的研究对象是企业出口影响的结构差异,其中衡量出口"数量"的是企业出口量,衡量出口"质量"的是企业出口的国内附加值率。本章着重介绍了企业出口量及其四元分解、国内附加值率等指标的构造方法。同时，为了保证计量模型的稳健性，本章设置了企业、行业和地区层面的控制变量。

第三，本章主要使用双重差分法（DID 模型）进行了实证检验，发现加工贸易转型升级战略提高了企业出口的国内附加值率，同时也降低了企业出口量。因此，加工贸易转型升级战略对企业出口影响的结构效应存在显著差异。本章采用 DID 模型相对于已有研究是一种进步，但是计量模型是否具备适用性，需要实验组和对照组通过平行趋势的假设检验。本章借鉴已有研究的方法从实证角度验证了满足平行趋势的假设要求，因此使用 DID 模型是符合要求的。

为了保证基本结论的客观和真实性，本章进行了一系列的稳健性检验，分别从更换被解释变量指标的测算方法、更换固定效应和聚类标准、使用倾向得分匹配法、使用连续分组 DID 模型方法、更换对照组的设置标准、排除其他潜在政策因素和安慰剂检验等方法，最终均通过了稳健性检验，即加工贸易转型升级战略对企业出口量和国内附加值率的结构效应存在显著的差异是稳健一致的。通过对政策文件的解读，分别从区域、企业性质和技术含量等视角进行了相关的异质性检验，发现加工贸易转型升级战略在东部地区和外资企业样本组中的作用更为明显，在西部地区和国内企业样本组中并不明显。而且，由于政策扶持的效果，加工贸易转型升级战略有利于提高民营企业的出口量。在高、中、低三个技术含量样本组中，加工贸易转型升级战略均能起到一致的作用，但是随着技术含量的提高，加工贸易转型升级战略的政策效应提高，且存在着"瓶颈"制约。

第四,本章梳理了加工贸易转型升级战略的政策文件,其中主要的政策目标是促进加工贸易企业经营主体结构的多元化和从低附加值到高附加值升级。因此,从加工贸易转型升级战略目标角度来看,经营主体结构的多元化将导致加工贸易中民营企业大量进入市场,而外资企业则可能退出市场。同时,受到政策约束的加工贸易企业可能更改贸易方式,进而变化为一般贸易企业。因此,加工贸易转型升级战略影响企业动态的作用机制在理论上是存在的。

第五,本章通过画图的方法比较了实验组和对照组之间四种企业动态的变化趋势。我们发现,加工贸易企业的进入、退出和贸易方式转化概率得到提升,但是生存概率得到下降。而且,企业动态的变化趋势在2003年及以后年份发生明显变化,这与加工贸易转型升级战略开始实施的时间点一致。因此,我们从数据层面验证了加工贸易转型升级战略可以影响不同贸易方式企业的动态变化。从经营主体结构角度来看,不同企业性质的加工贸易企业和一般贸易企业的出口量和国内附加值率存在着显著差异。主要体现在加工贸易中民营企业的出口量相比外资企业更低,同时外资企业的国内附加值率相比民营企业更低。但是,不同企业性质的加工贸易企业和一般贸易企业的出口量和国内附加值率差异不大。本章通过数据分析发现,正是由于加工贸易中民营企业和外资企业的出口量和国内附加值率存在显著的差异,同时在一般贸易企业中差异也不大,最终才导致了加工贸易转型升级战略通过促进加工贸易企业的进入、退出、生存和贸易方式转化进而降低了企业的出口量和提高了国内附加值率。

第六,本章发现加工贸易转型升级战略对企业动态(包括退出、进入、生存和贸易方式转化)的影响是真实存在的。本章使用中介效应模型验证了企业动态变化在加工贸易转型升级战略对企业出口量和国内附加值率的影响中存在机制作用，即加工贸易转型升级战略主要通过影响加工贸易企业的退出、进入和贸易方式转化三种方式进而提高了企业出口的国内附加值率。与此同时，加工贸易转型升级战略通过影响加工贸易企业的退出和进入方式进而降低了企业出口量。通过影响加工贸易企业的贸易转化方式虽然提高了企业水平，但由于作用程度相对更小，最终没能改变政策对企业出口量的负向影响。

第七，本章进一步使用宏观数据分析方法，重新验证了上述作用机制是否真实存在，从而保证机制检验的真实性和客观性。从宏观数据层面来看，企业动态在机制检验中发挥了调节作用，并且进一步导致了前文结论。综合来看，不管是实证检验还是宏观数据分析，其基本结论是一致的。即加工贸易转型升级战略通过调整企业动态，进而实现加工贸易企业的附加值升级，同时也降低了企业的出口量。宏观数据分析部分是为了进一步佐证加工贸易转型升级战略对企业动态进而企业出口的影响是客观存在的。

第四章 加工贸易转型升级战略的资源配置效应

第一节 加工贸易转型升级战略与企业生产率

从第三章的基本结论可以看出，加工贸易转型升级战略对企业出口影响的结构效应具有显著的差异，降低了企业出口的"数量"，同时也提高了企业出口的"质量"。在政策目标导向下，促进加工贸易企业延伸国内生产链和经营主体结构优化最终提高了企业出口的国内附加值率，这可以看作正向的政策效应。但是，从企业出口量角度来看，加工贸易转型升级战略降低了加工贸易企业的平均出口量，可以看作负向的政策效应。综合来看，如果研究维度不同，加工贸易转型升级战略的政策效应也不同。

一般而言，由于产业政策目标具有一定的导向作用，产业政策的实施效果可能是正向的，这主要体现在提高了加工贸易企业出口的国内附加值率上。但是，加工贸易转型升级战略也降低了企业出口量。可以推断，负向的政策效应可能是政策的挤出效应带来了"调整成本"，尽管不能明确指出"调整成本"具体体现在何处，以及如何准确地度量其影响的大小,但是,企业生产经营活动可能面临调整并影响原有的生产模式和出口模式,从而可能对加工贸易企业的资源配置状况造成实质性影响。因此,在第三章研究基础上,本章着重研究加工贸易转型升级战略的资源配置效应。

尽管产业政策可能达到其既定目标,但是也可能造成扭曲,进而降低资源配置效率。Melitz(2003)认为,如果资源从效率低的企业向效率高的企业转移,或者企业的生产经营方式从效率低的活动转向效率高的活动,那么政策将有利于资源配置效率的改善;否则,将造成资源错配。同时,国内有些研究认为,政策改革应以"提高生产率"为标准和主线从而推进经济转型升级(刘志彪和陈柳,2014)。因此,本章以企业的全要生产率作为资源配置效率的代理指标,研究加工贸易转型升级战略对企业全要素生产率的影响。

由于加工贸易转型升级战略的具体目标包括调整经营主体结构、进口商品目录和生产链等方面,进而可能给加工贸易企业带来"调整成本",因而产生了政策的负向挤出效应(Ahmed and Miller,2000;尚旭东和朱守银,2017)。同时,国家制定产业政策的初衷是促进相关产业的良性发展,而企业生产率是其中一个重要方面。因此,加工贸易转型升级战略可能既存在降低生产率的负向挤出效应,也可能存在长期提高生产率的正向政策效应。随着短期内负向挤出效应的逐渐消失和长期内正向政策效应的逐渐显现,政策对生产率的负向影响将逐步减小直至消失,甚至可能对企业生产率带来正向的促进作用。

为了能够清晰地对比加工贸易转型升级战略实施前后加工贸易企业生产率的变化,本章借鉴 Greenstone 和 List(2012)的方法,假设企业满足柯布道格拉斯（Cobb-Douglas）生产函数，$Q = AL^{\alpha}K^{1-\alpha}$。$Q$ 为最优产出，K 和 L 分别为有效的资本和劳动投入，A 为希克斯中性的技术水平，约束条件为 $0<\alpha<1$，假定企业初始技术水平不变。企业在政策实施前的生产率可以表示为：$TFP = Q/L^{\alpha}K^{1-\alpha} = A$，取对数后的形式为：①$\ln TFP = \ln A$。假设政策对企业产出、资本和劳动投入造成了影响，则 $Q_f = \lambda_Q Q$、$K_f = \lambda_K K$、$L_f = \lambda_L L$，其中 λ_Q、λ_K、λ_L 为调整系数，$\lambda_{(Q,K,L)} > 0$，下标 f 表示政策实施后，则政策实施后的生产率可以表示为：$TFP_f = Q_f/L_f^{\alpha}K_f^{1-\alpha} = \lambda_Q Q/L^{\alpha}K^{1-\alpha}/[(\lambda_L L^{\alpha})(\lambda_K K^{1-\alpha})]$，取对数后的形式为：②$\ln TFP_f = \ln A + \ln \lambda_Q - \ln \lambda_L^{\alpha} - \ln \lambda_K^{1-\alpha}$。我们用②减法①式可以得出公式（4-1）。

$$\ln TFP - \ln TFP_f = \ln \lambda_Q - \ln \lambda_L^{\alpha} - \ln \lambda_K^{1-\alpha} = \underbrace{\ln \lambda_Q}_{P_1} - \underbrace{\ln \lambda_L^{\alpha} \lambda_K^{1-\alpha}}_{P_2}$$

(4-1)

公式（4-1）中，P_1 可以代表加工贸易转型升级战略的正向政策效应，P_2 代表加工贸易转型升级战略的负向挤出效应。在加工贸易转型升级战略实施后，企业生产率的变化主要取决于正向政策效应和负向挤出效应大小的对比。

第二节 实证检验

一、基本事实描述

本章主要使用企业的全要素生产率来反映资源的配置效率，具体是使用工业企业数据测算出全要素生产率。我们主要使用 Olley 和 Pakes 方法（1996，本书简称为"OP 法"）测算全要素生产率，并且将其作为核心被解释变量。在本章后文实证检验部分也使用Levinsohn和Petrin方法（2003，简称为"LP法"）测算全要素生产率，并将其作为替代的被解释变量进行稳健性检验。上述两种方法可以解决索罗残差法的内生性问题和样本选择偏差问题，其中OP法更是可以反映企业的进入和退出情况，相应的平减指数借鉴Brandt等（2012）的方法，具体的测算过程不再详细介绍。

本章将加工贸易企业和一般贸易企业分别归类到实验组和对照组，然后将混合贸易企业按照加工贸易方式出口占总出口比重进行四分位分组，将处于［75%，100%］组的混合贸易企业归类到实验组，将［0%，25%）组的混合贸易企业归类到对照组，将［25%，50%）组和［50%，75%）组的混合贸易企业剔除以设置带宽，再分别求出历年实验组（主要为加工贸易企业）和对照组（主要为一般贸易企业）中企业全要素生产率的平均值，并且求出历年实验组与对照组平均值的差值，然后绘制图4-1。

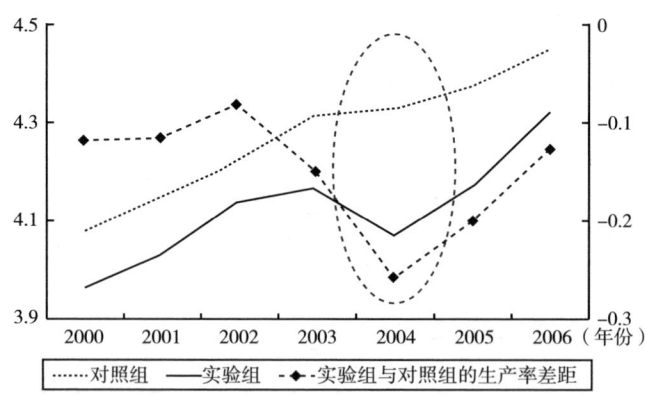

图4-1 实验组和对照组平均全要素生产率的变化趋势图

注：左边纵坐标轴为全要素生产率（TFP），右边纵坐标轴为生产率差距数值。

从图 4-1 可以看出，历年实验组和对照组企业平均全要素生产率的变化基本上满足平行趋势。其中，"生产率差距"在 2003 年以前的数值变化不大，在 2004 年以后出现较大的下降变化。实验组企业平均生产率相对下降的时间主要发生在 2003 年以后，这与加工贸易转型升级战略的实施时间相符。因此，加工贸易转型升级战略可能是导致加工贸易企业生产率下降的原因之一。从实验组和对照组年平均生产率的变化趋势可以看出，实验组企业平均生产率下降主要发生在 2004 年前后，之后实验组与对照组的生产率差距逐步缩小。因此，加工贸易转型升级战略对加工贸易企业全要素生产率的负向影响可能是短期行为，我们在本章后文做进一步的验证。

二、基本检验的回归结果

本章主要使用控制企业固定效应和年份固定效应的双重差分法（DID）进行实证检验，基本的实证检验结果如表 4-1 所示，计量模型如公式（4-2）所示。其中，回归方程中加入了企业、地区和行业层面的控制变量，并且在省份层面对协方差进行了聚类调整，公式（4-2）中的变量和字母含义与本章前文保持一致。

表 4-1 基本检验结果

变量	(1) OP法 TFP	(2) LP法 TFP	(3) OP法 TFP	(4) OP法 TFP	(5) OP法 TFP	(6) OP法 TFP	(7) OP法 TFP
tt	-0.049* (0.0304)	-0.051* (0.0305)	-0.047*** (0.0168)	-0.163*** (0.0229)	-0.190*** (0.0298)	-0.147*** (0.0229)	-0.135*** (0.0237)
样本量	167051	166864	167051	167051	167051	167051	167051
R^2	0.789	0.846	0.789	0.252	0.229	0.267	0.342

$$TFP_{tj} = \alpha_j + \chi_t + \beta_1 \cdot treat_j \cdot time_t + \sum_n \delta_n \cdot X_{tj} + \varepsilon_{tj} \quad (4-2)$$

从表 4-1 中第（1）列可以看出，交叉项 tt 的回归系数为负数，并且通过了 10% 水平以内的显著性检验，说明加工贸易转型升级战略在整体上降低了加工贸易企业的全要素生产率。其中，第（2）至第（7）列是对应第（1）列的基本稳健性检验，主要更换了被解释变量的测算方法和控制的固定效应和聚类标准。第（2）列使用 LP 法测算企业的全要素生产率，并且作为替代的被解释变量，可以看出交叉项 tt 的回归系数显著为负数，与第（1）列的回归结果一致。第（3）至第（7）列中被解释变量（TFP）用 OP 法算出，第（3）列在第（1）列基础上更改为在二位数行业层面对标准误进行聚类调整。第（4）至第（7）列在第（1）列基础上更换了固定效应，第（4）列控制了年份、城市固定效应，第（5）列控制了年份、行业固定效应，第（6）列控制了年份、城市和行业固定效应，第（7）列控制了年份固定效应和城市—行业联合固定效应。综合来看，第（3）至第（7）列交叉项 tt 的回归系数显著为负数，与第（1）列的结论一致。因此，加工贸易转型升级战略降低了企业的全要素生产率。

三、稳健性检验

借鉴第三章的稳健性方法，分别使用连续 DID 方法、倾向得分匹配法、更换对照组标准和排除其他潜在政策因素等方面来做进一步的稳健性检验。

考虑到混合贸易企业也从事加工贸易方式，但是由于企业加工贸易出口比重不同，政策效力的影响程度也可能存在不同，本章使用连续 DID 方法进行稳健性检验，回归结果如表 4-2 所示。第（1）

列的实验组为全部加工贸易企业,对照组为全部混合贸易企业,可以看出交叉项 tt 的回归系数显著为负数。第(2)列的实验组为全部混合贸易企业,对照组为全部一般贸易企业,可以看出交叉项 tt 的回归系数为负数但是没有通过显著性检验。原因可能在于,加工贸易转型升级战略对生产率的负向作用较弱并且属于短期影响,因而导致政策效应无法从计量上显著地显现出来。本章进一步在表4-1中第(1)列的基础上全部剔除了混合贸易企业,回归结果如表4-2中第(3)列所示,可以看出交叉项 tt 的回归系数显著为负数,并且显著性相比表4-1中第(1)列更高。因此,考虑混合贸易企业的潜在影响之后,本章的结论依然稳健。

表4-2 使用连续 DID 方法的稳健性检验

变量	(1) 加工贸易与混合贸易 TFP	(2) 混合贸易与一般贸易 TFP	(3) 剔除混合贸易企业 TFP
tt	-0.056*** (0.0084)	-0.012 (0.0167)	-0.083*** (0.0301)
样本量	94101	170304	134563
R^2	0.764	0.782	0.802

表4-3中第(1)和第(2)列为使用倾向得分匹配法(PSM)在对照组中筛选出和实验组企业更为相似的样本,从而使得实验组和对照组企业更加满足"双胞胎"的假设。第(2)列在第(1)列基础上进一步剔除对照组中混合贸易企业的加工贸易出口比重按照四分位数分组在[50%, 75%)组和[75%, 100%)组的样本。回归结果显示,交叉项 tt 的回归系数显著为负数,与本章基本结论一致。表4-3中第(3)和第(4)列更换了对照组的设置标准。鉴

于来料加工贸易企业具有"两头在外"的特征,因而受到国内产业政策的影响相对更小。因此,第(3)列将进料加工贸易企业作为实验组,将来料加工贸易企业作为对照组,并且剔除了一般贸易企业,可以看出交叉项 tt 的系数显著为负数。

表4-3　倾向得分匹配法和更换对照组设置标准

变量	(1)	(2)	(3)	(4)
	TFP	TFP	TFP	TFP
tt	-0.016***	-0.042***	-0.065***	-0.136**
	(0.0051)	(0.0224)	(0.0086)	(0.0572)
	(1.0397)	(1.0901)	(0.7591)	(1.0140)
样本量	72464	51098	93890	45369
R^2	0.810	0.826	0.763	0.776

由于2004年国家开始调整加工贸易商品的禁止类目录,这属于加工贸易转型升级战略的政策延续。按照第三章的设定方法,将2000—2006年所有涉及企业归类到受到商品禁止目录调整影响的企业范围,将原来实验组企业与上述企业范围进行匹配,将匹配上的企业作为新的实验组,其他未匹配上的企业作为新的对照组,然后重新进行实验。回归结果如表4-3中第(4)列所示,可以看出交叉项 tt 的回归系数显著为负数,与本章基本结论一致。

表4-4的回归结果为安慰剂检验,主要为了排除其他潜在因素的干扰。2002年3月《外商投资产业指导目录》在1997年基础上进行了大幅调整,那么外资准入标准变化(包括鼓励、限制和禁止措施)是否可以影响加工贸易企业的生产效率?借鉴Lu等(2017)的方法对行业进行识别,将外资准入标准发生变化的行业设置为实验组,其他设置为对照组,然后重新进行实验,回归结果

如表 4-4 中第（1）列所示。交叉项 tt 的回归系数没有通过显著性检验，因而不能证明外资准入政策调整对加工贸易企业生产效率造成了实质性影响。数据显示，外资准入标准发生变化的行业在加工贸易和一般贸易样本中的企业数量占比仅为 6%—8%，并且分布情况相似，因而其影响相对较小。2002 年后中国开始正式在世界贸易组织（WTO）框架内进行对外贸易，因为与加工贸易转型升级战略提出的时间点接近，将政策时间点提前到 2002 年，然后进行模拟实验。其中，时间虚拟变量（$time\_dum$）将 2002 年及以后设置为 1，2001 年及以前设置为 0，政策分组情况与本章基本设定一致，新构造的交叉项同样使用 tt 表示。表 4-4 中第（2）列的回归结果显示，交叉项 tt 的回归系数没有通过显著性检验，因而不能证明加入 WTO 事件对加工贸易企业生产率造成了实质影响。

表 4-4　潜在政策因素和安慰剂检验

变量	(1) TFP	(2) TFP	(3) TFP	(4) TFP	(5) TFP
tt	0.015 (0.0220)	0.039 (0.0420)	-0.076* (0.0457)	-0.104* (0.0664)	-0.011 (0.0291)
样本量	167051	42298	127098	93700	167051
R^2	0.789	0.870	0.799	0.837	0.789

如果 2003 年提出的加工贸易转型战略不能产生实质影响，那么潜在的有效政策可能发生在 2004 年及以后，本章使用倒推法进行检验。表 4-4 中第（3）列剔除了 2006 年的数据，假设 2003 年开始的加工贸易转型升级战略没有产生实质影响，潜在的有效政策发生在 2006 年，如果假设成立，则交叉项 tt 将不显著。第（4）列剔除了 2005 年和 2006 年的样本，假设加工贸易转型升级战略没有

产生实质性影响,潜在的有效政策发生在2005年,如果假设成立,则交叉项 tt 将不显著。从第(3)和第(4)列可以看出,交叉项 tt 的回归系数显著为负数,则在排除2004年以后潜在其他政策等因素影响后,反向证明了加工贸易转型升级战略的政策效力依然显著存在。表4-4中第(5)列为反事实的安慰剂检验,随机打乱了实验组和对照组的样本分组。本章随机将混合贸易企业中加工贸易方式出口比重按照四分位数分组在(75%,100%]组的样本归类到实验组,将一般贸易企业作为对照组。第(5)列的回归结果显示,交叉项 tt 的回归系数没有通过显著性检验,这反向证明了本章结论的稳健性。

总之,本章通过上述一系列的稳健性检验,发现加工贸易转型升级战略对企业的全要素生产率存在负面影响的结论是稳健的。下面我们进一步从行业层面检验加工贸易转型升级战略的资源配置效应。

四、从行业层面检验资源的配置效率

从已有研究可知,如果资源从效率低的企业或者生产经营活动向效率高的企业或者生产经营活动转移,那么将有利于改善资源配置效率(Melitz,2003)。加工贸易转型升级战略降低了企业层面的生产效率,因此在行业层面也将恶化资源的配置效率。本章借鉴已有研究(Hsieh and Klenow,2009;Balasubramanian and Sivadasan,2009)的方法,分别求出政策分组—二位数行业层面的平均生产率($vtfp$)和行业内部企业生产率的离散度($tfsd$),如公式(4-3)和公式(4-4)所示。其中,n 表示企业数量,i 表示二位数行业,其他字母含义与本章前文相同。由于工业企业数据库中主要成分为制造业企业，非制造业行业对应企业的样本量较少（聂辉华等，2012），因此仅保留制造业行业。为了保证测算结果的准确性，本章保留在政策分组—二位数行业层面样本量大于 20 的行业。先分别求出历年实验组和对照组二位数行业的平均生产率和行业内部企业生产率的离散度，然后将其做差值统计在表 4 – 5 中①。

$$vtfp_{treat,j \in i,t} = \frac{1}{n} \sum_{treat,j \in i,t} TFP_j \qquad (4-3)$$

$$fsd_{treat,i,t} = \sqrt{\frac{1}{n} \sum_{treat,j \in i,t} (TFP_j - vtfp_{treat,j \in i,t})^2} \qquad (4-4)$$

限于表格，本章仅列出 2002 年、2004 年和 2006 年的数据，在 25 个行业中 2004 年相比 2002 年有 20 个行业的平均生产率实验组相比对照组变小，同时有 19 个行业离散度变大，2006 年相比 2004 年有 21 个行业的平均生产率实验组相比对照组变大，同时有 21 个行业的离散度变小，上述四种情况在整体上覆盖所有行业。因此，从数据上看，加工贸易转型升级战略在短期内降低了行业平均生产率和增大了行业内企业生产率的离散度，因而降低了资源配置效率。但是长期来看，政策降低资源配置效率的作用在减弱。可以看出，2003 年以后实验组相对于对照组的平均生产率有所下降和离散度有所提升，与第五章图 5 – 1 的变化趋势基本一致。

本章进一步从政策分组—行业层面进行实证检验，由于数据维度不再显示企业和地区层面特征，我们分别将企业层面的控制变量，工资支付能力（$wage$）、企业年龄（age）、企业规模（$scale$）、企业资本密集度（$capint$）、企业盈利水平（$prorate$）、外资背景企业虚拟变量（foe）和国有企业虚拟变量（soe），在政策分组—行业

---

① 使用实验组某行业数值（生产率、离散度）减去对照组中相同行业的数值。

表4-5 行业层面实验组与对照组平均生产率差值和离散度差值统计

代码	平均生产率差值			离散度差值			代码	平均生产率差值			离散度差值		
	2002年	2004年	2006年	2002年	2004年	2006年		2002年	2004年	2006年	2002年	2004年	2006年
13	0.02	-0.27	0.00	0.15	0.07	0.01	29	0.22	0.04	0.11	0.10	0.31	0.10
14	-0.23	-0.37	-0.19	-0.22	-0.17	-0.20	30	-0.02	-0.30	0.01	0.18	0.26	0.03
17	-0.10	-0.19	-0.22	0.14	0.26	0.03	31	-0.10	-0.14	-0.08	0.20	0.37	-0.04
18	-0.24	-0.35	-0.23	0.07	0.18	-0.09	32	0.14	0.14	0.04	-0.15	-0.21	-0.13
19	-0.30	-0.29	-0.11	0.14	0.27	0.10	33	0.43	-0.05	-0.04	0.04	0.15	0.26
20	0.08	-0.25	-0.19	0.10	-0.08	-0.09	34	0.07	-0.14	-0.13	0.01	0.29	0.09
21	-0.07	0.01	-0.09	-0.27	0.11	-0.06	35	0.09	-0.10	-0.01	0.17	0.20	0.13
22	-0.26	-0.21	0.00	-0.05	-0.01	-0.05	36	0.16	-0.37	-0.30	-0.12	0.26	0.22
23	-0.55	-0.51	-0.43	0.51	0.15	0.13	37	0.21	-0.26	0.04	0.06	0.13	0.17
24	-0.22	-0.26	-0.24	0.12	0.12	0.03	40	-0.12	-0.07	0.16	0.00	0.24	0.13
26	0.34	0.00	0.10	-0.05	0.25	0.12	41	0.05	-0.36	-0.15	0.08	0.22	0.13
27	0.90	0.50	0.17	-0.18	0.02	0.17	42	0.08	-0.39	-0.27	0.09	0.18	0.00
28	0.08	-0.23	0.08	0.14	-0.03	-0.07	均值	0.03	-0.18	-0.08	0.05	0.14	0.04

层面求平均值以衡量行业内所有企业的平均水平,并且作为行业层面的控制变量,最终构造出新的指标:行业层面的工资支付能力($hwage$)、企业年龄($hage$)、企业规模($hscale$)、企业资本密集度($hcapint$)、企业盈利水平($hprorate$)、外资背景企业虚拟变量($hfoe$)和国有企业虚拟变量($hsoe$)。同时,行业层面检验的时间虚拟变量和政策分组虚拟变量设置与本章基本计量模型一致。计量模型控制了二位数行业和年份层面的固定效应,并且在二位数行业层面进行聚类调整。回归结果如表4-6所示,可见第(1)列交叉项 tt 的回归系数显著为负数,第(2)列交叉项 tt 的回归系数显著为正数。因此,分别从生产率及其离散度的角度来看,加工贸易转型升级战略降低了行业层面的资源配置效率。

表4-6 行业层面的资源配置效率角度的实证检验

变量	(1) 平均生产率 $vtfp$	(2) 生产率的离散度 $tfsd$
tt	-0.090** (0.0360)	0.095*** (0.0176)
样本量	284	284
R^2	0.875	0.562

本章进一步在企业层面分析加工贸易转型升级战略为何降低了行业层面的资源配置效率?我们使用分位数回归方法(李蕾蕾等,2018;杨东亮等,2019),分别在5%、25%、50%、75%、90%和95%分位数上进行实证检验。回归结果如表4-7中第(1)至第(6)列所示,可以看出交叉项 tt 的回归系数显著为负数,但是系数的绝对值随着分位数的提高而逐步减小,这说明加工贸易转型

升级战略对初始生产率较低水平企业生产率的负向影响更大,而对初始生产率较高水平企业的影响较弱,因此加工贸易转型升级战略的政策效应对生产率造成了"强者恒强,弱者更弱"的局面,最终降低了行业层面的资源配置效率。

表4-7　分位数回归方法的检验结果

变量	(1) 5% TFP	(2) 25% TFP	(3) 50% TFP	(4) 75% TFP	(5) 90% TFP	(6) 95% TFP
tt	-0.282*** (0.0174)	-0.180*** (0.0072)	-0.170*** (0.0076)	-0.164*** (0.0096)	-0.125*** (0.0149)	-0.046** (0.0196)
样本量	167051	167051	167051	167051	167051	167051

五、异质性检验

我们主要从区域、企业性质和企业技术密集度等角度进行异质性检验。其中,表4-8为加工贸易转型升级战略的资源配置效应在区域和企业性质层面的异质性检验。

表4-8　区域和企业性质层面的异质性检验

变量	(1) 东部 TFP	(2) 中西部 TFP	(3) 民营 TFP	(4) 国有 TFP	(5) 外资 TFP
tt	-0.045* (0.0249)	-0.010 (0.0859)	0.002 (0.0587)	-0.022 (0.0664)	-0.054** (0.0254)
样本量	149950	17101	39747	24242	103062
R^2	0.788	0.826	0.813	0.819	0.777

第四章 加工贸易转型升级战略的资源配置效应

考虑区域因素的异质性检验。中国地区间发展水平存在差距,绝大部分出口贸易集中在东部地区。数据显示,2006年以前东部地区加工贸易的总出口额占全国加工贸易总出口额的比重高达95%,因此有必要从区域层面进行异质性检验。由于中部地区和西部地区样本较少,将其合并为一组,其中表4-8中第(1)列为东部地区样本组,第(2)列为中西部地区样本组。可以看出,第(1)列交叉项 tt 的回归系数显著为负数,第(2)列交叉项 tt 的回归系数为负但不显著,说明加工贸易转型升级战略主要降低了东部地区加工贸易企业的生产率,中西部地区表现并不明显。原因在于出口贸易特别是加工贸易主要集中在东部地区,因而面临政策在短期内的负向冲击更大。

考虑企业性质的异质性检验。数据显示,加工贸易中外资背景企业(包括外资和合资企业)的出口额占到总出口额的比重在90%以上。加工贸易转型升级战略的目标之一是促进加工贸易经营主体结构的优化,主要体现在提高民营企业的比重上。本章按照企业性质将实验组分为民营、国有和外资背景企业三个样本组,企业性质识别与归类方法与本章前文一致。表4-8中第(3)列将本章前文基本模型中实验组的民营企业作为新的实验组,对照组与基本模型一致,第(4)列将实验组的国有企业作为新的实验组,对照组与基本模型一致;第(5)列将实验组的外资背景企业作为新的实验组,对照组与基本模型一致。可以看出,仅第(5)列交叉项 tt 的回归系数显著为负数,说明加工贸易转型升级战略仅降低了外资背景企业的生产率。可以推断,外资背景企业的数量和出口比重较大,因而受到政策的冲击更大,并且政策的重点是培育民营企业,进而其面临的负向挤出效应相对较小。

考虑企业技术密集度的异质性检验。参照本章前文的分类方法，我们分别测算了每种产品的技术密集度。我们根据企业中的产品种类以及每一产品的出口额占企业总出口额的比重加权计算出每一家企业的技术含量，具体分为高技术、中技术和低技术含量样本组。表4-9中第（1）至第（3）列的回归结果显示，交叉项 tt 回归系数都显著为正，说明不管是高技术含量样本组还是中、低技术含量样本组，加工贸易转型升级战略对不同技术含量的加工贸易企业的生产率都有抑制作用。

表4-9　　　　企业技术密集度层面的异质性检验

变量	(1) 高技术 TFP	(2) 中技术 TFP	(3) 低技术 TFP	(4) 组间对比 TFP
tt	-0.045* (0.0278)	-0.034* (0.0213)	-0.059*** (0.0141)	
$tt \times mtech$				0.015 (0.0172)
$tt \times htech$				-0.034* (0.0195)
样本量	27204	40544	99303	167051
R^2	0.819	0.809	0.780	0.789

为了三个技术含量样本组可以进行组间对比，从而进一步分析加工贸易转型升级战略的资源配置效应在不同技术含量企业的作用大小差异，我们设置高技术含量企业虚拟变量（$htech$），将高技术含量企业设置为1，其他设置为0，类似的方法设置中技术含量企业虚拟变量（$mtech$），将交叉项 tt 分别乘以上述虚拟变量，并且将低技术含量样本组作为基准组，然后将 $tt \times mtech$ 和 $tt \times htech$ 放入

方程重新回归,结果如表4-9中第(4)列所示。可以看出,$tt \times mtech$ 的回归系数没有通过显著性检验,这说明加工贸易转型升级战略对低技术含量样本和中技术含量样本的影响差异较小。同时,$tt \times htech$ 的回归系数显著为负,说明加工贸易转型升级战略对高技术含量企业的生产率的负面影响更大。从数据层面来看,随着三组技术含量的提高,外资企业数量所占比例也随之升高。可以推断,由于加工贸易中外资企业的国内附加值率最低,是加工贸易转型升级战略规制的重点,因此政策带来的负向挤出效应越大以及对其生产率的抑制作用也越大。而且,从表4-8中第(3)和第(4)列的回归结果可以看出,加工贸易转型升级战略仅仅在外资企业中对企业的生产率表现为负向作用,与本部分的研究结论一致。

第三节 资源配置效应与企业出口

一、资源配置效应对加工贸易企业出口的影响

加工贸易转型升级战略对企业出口造成了负面影响,可能的原因在于,加工贸易企业不得不调整生产模式和出口模式,而这样的调整过程实际上是资源的重新配置过程。因此,资源配置效应与企业出口量之间应该为正向关系,即加工贸易转型升级战略可能通过降低企业的生产效率进而降低出口量。

我们借鉴 Kee 和 Tang(2016)、许和连等(2017)的文献,经过公式推导得出企业出口 $DVAR$ 的决定参数,从而为我们使用微观数据计算 $DVAR$ 提供了理论依据。公式(4-5)中,j、t 分别代表企业和时间,δ_m 代表中间投入的产出弹性,C 代表企业最终产品边

际成本，P 代表企业产品价格，χ_t 代表国内中间品和进口中间品价格之比，σ 为相应的替代弹性，$\sigma > 0$，通过海关数据我们可以估算出 δ_m、χ_t 和 σ 的数值，则 DVAR 由产品边际成本和价格决定。通过公式（4-5），我们对 C 进行求导，得出公式（4-6），可以看出，边际成本 C 与 DVAR 呈反向关系，本部分的字母含义与本章前文不同。

$$DVAR_{jt} = 1 - \delta_m \cdot \frac{C_{jt}}{P_{jt}} \cdot \frac{1}{1 + \chi_t^{\sigma-1}} \qquad (4-5)$$

$$\partial DVAR_{jt} / \partial C_{jt} = - \delta_m \frac{1}{(1 + \chi_t^{\sigma-1}) P_{jt}} < 0 \qquad (4-6)$$

企业生产率（TFP）越高，则边际成本越低，我们使用 TFP 来反映企业成本变化。假设企业生产为 CES 函数，$Y = AL^{\alpha} K^{1-\alpha}$，$0 < \alpha < 1$，$L$ 为劳动投入，K 为资本投入，则可进一步推出，$\ln A = \ln Y - \alpha \ln L - (1 - \alpha) \ln K$，其中 A 代表了 TFP，L 和 K 代表了投入成本，则可看出，投入成本越大，生产率越低，C 与 TFP 呈反向关系。因此，企业生产率与国内附加值率之间可能存在着正向关系，即企业生产率越高，则企业出口的国内附加值率越高。但是，上述逻辑关系能否成立，需要做进一步的验证。借鉴已有研究的思路，将企业生产率作为中介变量，具体研究加工贸易转型升级战略是否可以通过降低企业生产效率进而对企业出口量和国内附加值率产生实质性的影响。

二、中介效应模型检验

从本章前文的实证检验结论可知，加工贸易转型升级战略对加工贸易企业的资源配置效率或者生产率造成了负向影响。那么，加工贸易转型升级战略导致生产率下降，是否会对企业出口（包括企业出口量和国内附加值率）造成影响？本章使用中介效应模型进一步进行检验，中介效应模型如公式（4-7）和公式（4-8）所示。被解释变量统一用 ED 表示，分别表示企业出口量（lnexport）和国内附加值率（DVAR）。中介变量为企业生产率（TFP），公式中包含的字母和变量的含义与本章前文的字母含义一致。

$$ED_{ij} = \alpha_j + \chi_t + \beta_1 \cdot treat_j \cdot time_t + \sum_n \delta_n \cdot X_{tj} + \varepsilon_{tj} \quad (4-7)$$

$$ED_{ij} = \alpha_j + \chi_t + \beta_1 \cdot treat_j \cdot time_t + \beta_2 \cdot TFP_{tj} + \sum_n \delta_n \cdot X_{tj} + \varepsilon_{tj}$$
$$(4-8)$$

相应的回归结果如表 4-10 所示，从表 4-10 中可以看出，第（1）列交叉项 tt 的回归系数显著为正，第（2）列交叉项 tt 的回归系数显著为负。第（1）和第（2）列的中介效应检验结果显示，全要素生产率（TFP）的系数显著为正，并且经 Sobel 检验显示是显著的中介变量。从本章前文可知，加工贸易转型升级战略降低了企业生产率。综合来看，加工贸易转型升级战略通过降低企业生产率进而对企业出口量和国内附加值率起到了负向作用。我们进一步使用 LP 法测算的全要生产率作为中介变量，如表 4-10 中第（3）和第（4）列所示，回归结果与第（1）和第（2）列的结果一致。

表 4-10　　　　　　　　中介效应检验

变量	(1)	(2)	(3)	(4)
	OP 法测算全要生产率		LP 法测算全要生产率	
	DVAR	lnexport	DVAR	lnexport
tt	0.058 *** (0.0031)	-0.024 *** (0.0052)	0.058 *** (0.0032)	-0.024 *** (0.0051)

续表

变量	(1)	(2)	(3)	(4)
	OP法测算全要生产率		LP法测算全要生产率	
	DVAR	lnexport	DVAR	lnexport
TFP	0.014*** (0.0039)	0.011*** (0.0017)	0.015*** (0.0041)	0.013*** (0.0015)
样本量	163125	163125	162938	162938
R^2	0.932	0.861	0.932	0.862

因此,加工贸易转型升级战略降低了企业的生产效率,并且对加工贸易企业的附加值升级也将造成了负面干扰。但是由于作用程度较弱,最终没能改变加工贸易转型升级战略通过企业动态调整带来的正向效应。即最终加工贸易转型升级战略对企业出口国内附加值率是正向影响。但是,对于企业出口量来讲,加工贸易转型升级战略通过降低企业生产效率和企业动态调整共同降低了加工贸易企业的出口量,因而政策带来的负向效应更为明显。

第四节　拓展分析

一、时间趋势检验

那么,加工贸易转型升级战略降低资源配置效率的影响,是长期影响还是短期影响?由本章前文公式（4-1）可知,加工贸易转型升级战略对生产率的影响可能存在由于调整成本而带来负向的"挤出效应",同时也可能存在正向的政策效应,因而取决于两者的共同作用。

第四章 加工贸易转型升级战略的资源配置效应

本章首先通过平行趋势检验和时间趋势检验方法,验证加工贸易转型升级战略对企业生产率的影响是否为短期行为?如果是,则说明加工贸易转型升级战略尽管短期内降低了企业的生产效率,但是由于存在潜在的正向政策效应,长期将扭转局面,最终甚至可能对企业生产率产生正向的影响。但是,由于研究数据的限制,在本章研究时间段并不能达到我们预期的结果。

本章借鉴 Kudamatsu(2012)方法进行平行趋势的动态检验。我们在计量模型中加入每一年的年份虚拟变量($year\_dum$),如 2003 年,并将该年设置为 1,其他年份设置为 0。同时加入政策分组虚拟变量($treat$)与年份虚拟变量($year\_dum$)的交叉项($treat \times year\_dum$),交叉项在表格中统一使用 t_year 表示,如在 2003 年,则表示为 t_2003,将 2000 年设置为基准期,如公式(4-9)所示,回归结果如表 4-11 中第(1)列所示。从表 4-11 中第(1)列可以看出,2002 年及以前的交叉项系数并不显著,2003 年及以后的交叉项系数显著为负数,这说明通过了平行趋势的动态检验。

表 4-11　　　　动态检验和时间趋势检验

变量	(1)	(2)
t_2001	0.030 (0.0236)	
t_2002	0.056 (0.0358)	
t_2003	-0.023 (0.0277)	-0.162* (0.0825)
t_2004	-0.056** (0.0308)	-0.086*** (0.0316)

续表

变量	(1)	(2)
t_2005	-0.014* (0.0239)	-0.043* (0.0247)
t_2006	0.008 (0.0213)	-0.021 (0.0258)
样本量	142539	142539
R^2	0.747	0.747

为了观察加工贸易转型升级战略政策效力随时间的变化趋势，本章在公式（4-9）的基础上将交叉项（$treat \times time$）乘以历年年份虚拟变量（$year\_dum$），然后放入回归方程重新检验，如公式（4-10）所示，回归结果如表4-11中第（2）列所示。新的交叉项（$treat \times time \times year\_dum$）在表格中同样统一使用$t\_year$表示。从表4-11中第（2）列可以看出，新的交叉项的回归系数为负数，但是系数的绝对值和显著性逐年下降，说明加工贸易转型升级战略对生产率的负向作用属于短期影响，政策效力将逐年下降直至消失。

$$TFP_{ij} = \alpha_j + \chi_t + \sum_t \beta_t \cdot treat_j \cdot year\_dum_t + \sum_n \delta_n \cdot X_{ij} + \varepsilon_{ij} \tag{4-9}$$

$$TFP_{ij} = \alpha_j + \chi_t + \sum_t \beta_t \cdot (treat_j \cdot time\_dum_t) \cdot year\_dum_t \\ + \sum_n \delta_n \cdot X_{ij} + \varepsilon_{ij} \tag{4-10}$$

二、微观机制检验

从本章前文可知，在短期内加工贸易转型升级战略对企业生产率的负向影响更大。同时，我们认为可能是政策的负向"挤出效应"带来了"调整成本",进而降低了企业生产率。但是,不能明确确定"调整成本"体现在何处,以及准确地衡量其影响的大小。在政策影响下,企业生产经营活动调整可能将影响原有的生产模式,进而将对企业的经营利润(成本加成率)造成影响,同时政策可能挤出研发投入或者改变原有的创新路径,进而降低企业的创新能力。

因此,本章使用中介效应模型从企业成本加成率(markup)和创新水平(inno)角度进行检验,验证加工贸易转型升级战略是否通过降低企业的成本加成率和创新水平进而降低生产率。中介效应模型如公式(4-11)和公式(4-12)所示,其中 MID 代表中介变量 markup 和 inno,θ 为中介变量的回归系数。本章借鉴余森杰和袁东(2016)的方法测算成本加成率(markup),借鉴现有研究的做法使用工业企业数据库中企业的新产品产出值与产出总值的比来衡量创新水平(inno)[①],中介效应模型的检验结果如表4-12所示。

$$MID_{tj} = a_j + a_t + \beta treat \times time_t + \sum_n \delta_n X_{ntj} + \varepsilon_{tj} \quad (4-11)$$

$$TFP_{tj} = a_j + a_t + \beta treat \times time_t + \theta MID_{tj} + \sum_n \delta_n X_{ntj} + \varepsilon_{tj} \quad (4-12)$$

表 4-12 微观机制检验

变量	(1) markup	(2) TFP	(3) inno	(4) TFP
tt	-0.016* (0.0093)	-0.065* (0.0399)	-0.019* (0.0114)	-0.035 (0.0320)
markup		1.408*** (0.0570)		

① 2004 年未统计相应新产品产值,因此我们做剔除处理。

续表

变量	（1） markup	（2） TFP	（3） inno	（4） TFP
inno				0.052* （0.0297）
样本量	147254	144429	138460	135776
R^2	0.631	0.875	0.790	0.824

表 4-12 中第（1）列的交叉项 tt 的回归系数显著为负数，说明加工贸易转型升级战略降低了企业的成本加成率。第（2）列中交叉项 tt 的回归系数显著为负数，markup 的回归系数显著为正数且经 Sobel 检验为显著的中介变量。因此，综合第（1）和第（2）列可知，加工贸易转型升级战略可以通过降低企业的成本加成率进而降低生产效率。表 4-12 中第（3）列的交叉项 tt 的回归系数显著为负数，说明加工贸易转型升级战略降低了企业的创新水平。因为 2004 年没有新产品产出值数据，本部分剔除了 2004 年的样本。回归结果如第（4）列所示，可以看出，交叉项 tt 的回归系数为负数，同时中介变量 inno 的回归系数显著为正数且经 Sobel 检验为显著的中介变量。综合第（3）和第（4）列可知，加工贸易转型升级战略可以通过降低企业的创新水平进而降低生产率。这说明企业的成本加成率和创新水平为显著的中介变量，加工贸易转型升级战略通过降低企业的成本加成率和创新水平进而降低了企业生产率。

三、企业动态与企业生产率

加工贸易转型升级战略对企业生产率的正向政策效应是否存在？如何体现？从本章前文可知，这可能与企业动态和经营主体结构变化的内在调节机制有关。我们进一步使用海关数据分析在政策影响下企业动态和经营主体结构变化如何影响企业的生产率。

本章分别得出实验组和对照组历年新进入、退出和发生贸易方式转化三部分中民营企业、国有企业和外资企业占该组全部企业的数量比例，然后统计在表4-13中。从数据中可以分析得出如下结论：第一，在退出部分中，外资企业数量比例逐年上升，民营企业则逐年下降，这说明实验组相对于对照组退出概率提升主要体现在外资企业的大量退出。第二，在新进入部分中，民营企业数量比例逐年增大，同时国有企业、外资企业数量比例逐年降低，这说明实验组相对于对照组进入概率的提升主要体现在民营企业的大量进入上。第三，在贸易方式转化部分中，外资企业数量比例大体上逐年上升，民营企业则大体上逐年下降，这说明实验组相对于对照组的贸易方式转化概率提升主要体现在外资企业贸易方式的转化上。

表4-13 进入、退出和转化部分企业的数量比例　　　　单位：%

企业动态	年份	实验组			对照组		
		民营企业	国有企业	外资企业	民营企业	国有企业	外资企业
进入部分	2002	16.49	7.44	76.07	40.88	19.70	39.42
	2004	22.99	4.83	72.19	68.04	7.65	24.32
	2006	28.51	5.00	66.49	74.19	3.62	22.19
退出部分	2002	77.97	4.24	17.78	83.86	7.05	9.09
	2004	26.18	12.66	61.16	25.30	32.76	41.94
	2006	22.15	8.89	68.96	53.29	16.66	30.05
转化部分	2002	41.04	6.55	52.41	57.21	18.85	23.94
	2004	17.72	10.65	71.63	24.77	30.16	45.08
	2006	17.89	7.17	74.94	49.02	16.82	34.16

注：此处的"外资企业"为外资背景企业，包含了合资企业，表中仅列出2002年、2004年和2006年的统计数据。

那么，上述企业动态中经营主体结构变化与生产率变化存在何种联系？本章分别求出历年实验组和对照组中民营企业、国有企业和外资企业的平均生产率，具体如表4-14所示。可以看出，实验组中外资企业的历年平均生产率最低，同时民营和国有企业较高，对照组中民营企业最低，同时国有和民营企业较高，并且各年的结构变化不大。

表4-14　　实验组和实验组不同经营主体企业的平均生产率

年份	实验组			对照组		
	民营企业	国有企业	外资企业	民营企业	国有企业	外资企业
2000	4.07	3.97	4.16	3.87	3.99	3.97
2001	4.13	4.07	4.20	4.05	4.09	4.03
2002	4.12	4.23	4.14	4.18	4.17	4.26
2003	4.23	4.32	4.36	4.43	4.64	4.15
2004	4.24	4.59	4.05	4.24	4.45	4.35
2005	4.29	4.49	4.40	4.35	4.69	4.15
2006	4.44	4.84	4.29	4.36	4.60	4.49
2000—2006年均值	4.18	4.44	4.11	4.17	4.31	4.33

注：此处的"外资企业"为外资背景企业，包含了合资企业，表中仅列出2002年、2004年和2006年的统计数据。

综合来看，实验组相对于对照组进入概率的提升主要来源于民营企业的进入，而实验组中民营企业相对于外资企业的平均生产率更高，因此进入部分具有提升生产率的可能性。实验组相对于对照组退出概率的提升主要来源于外资企业，而实验组中外资企业的平均生产率最低，因而退出机制可能淘汰低效率企业进而提升实验组整体的生产率。此外，实验组相对于对照组发生贸易方式转化概率的提升主要来源于外资企业的转化退出实验组，同时转化进入对照组,但是实验组外资企业平均生产率最低,因而造成了较低生产率的加工贸易企业成为一般贸易企业,最终将可能相对提高加工贸易的平均生产率。

因此,在加工贸易转型升级战略的影响下,企业动态和经营主体结构优化最终将有利于提高加工贸易企业的全要素生产率。这可能是造成时间趋势检验部分得出"加工贸易转型升级战略对企业生产率的负向影响逐年减小直至消失"结论的内在原因之一。可以推断,加工贸易转型升级战略的正向政策效应具有提升企业生产率的潜力。但是,由于短期内政策带来的负向挤出效应更大,因而在整体上更多地反映了加工贸易转型升级战略负向"挤出效应"的影响。

第五节 本章总结

任何产业政策的实施既可能会达到其预定目标,但是也可能存在由于政策的"挤出效应"而带来的"调整成本",进而对企业的资源配置效率或者生产效率带来负面影响。因此,本章主要研究了加工贸易转型升级战略的资源配置效应,及其对企业出口的影响。

第一,本章使用实证方法验证了上述猜想,即加工贸易转型升级战略降低了企业的全要素生产率,并且通过了一系列的稳健性检验。从行业层面的宏观数据分析发现,加工贸易转型升级战略降低了行业层面的平均生产率和提高了行业内部企业生产效率的离散度。因而综合来看,加工贸易转型升级战略降低了加工贸易企业的资源配置效率。

第二,本章使用中介效应模型检验发现,加工贸易转型升级战略可以通过降低企业的全要素生产率进而对企业出口量和附加值升级造成了负面影响。因此，加工贸易转型升级战略对资源配置效率带来的扭曲，最终将不利于提高企业出口量和国内附加值率。

第三，本章分别从企业成本加成率和创新角度进行了微观机制检验，发现加工贸易转型升级战略可以通过降低成本加成率和创新水平进而对企业生产效率造成负面影响。因此，短期来看，政策的"挤出效应"对企业的盈利和研发都造成了负面影响，并且将不利于改善企业的生产效率。

第四，本章分别从时间趋势和企业动态两方面展开检验和分析，发现加工贸易转型升级战略对企业生产率的负向影响是短期行为，而长期来看其负向影响在逐步减小直至消失。结合企业动态和经营主体结构优化的宏观数据分析发现，不管是退出、进入还是贸易方式转化都有利于提升加工贸易企业的生产效率。因此，长期内尽管企业动态在宏观数据层面有利于改善资源配置效率，但是在政策实施前期的负向"挤出效应"更大，最终降低了资源配置效率。

第五，资源配置效率或者企业生产率是产业政策实施中不容忽视的一点。尽管加工贸易转型升级战略有利于政策目标的实现，但是从企业出口量和生产率角度来看却是负面影响，因而更加需要引起国家政策制定部门的注意。

第五章　加工贸易梯度转移与企业出口

第一节　加工贸易梯度转移的政策基础

随着国内外经济发展形势的变化，中国国内也面临着产业的跨区域转移。东部地区相对落后的产业在中西部等欠发达地区并非意味着产业的绝对低端化。因此，鉴于产业转移对区域协调发展的积极作用，中国政府积极推动加工贸易的跨区域转移。2020年5月，中共中央政治局常委会首次提出"国内国际双循环"的新发展格局，劳动密集型产业转移有助于推动中西部等欠发达地区的经济发展，加工贸易梯度转移可以缓解我国出口下滑的压力，进而保证"外"循环；中西部等欠发达地区经济状况改善必然可以扩大内需，进而保证"内"循环。因此，加工贸易等劳动密集型产业的转移对于促进区域协调发展具有重要意义。

2007年，商务部和国家开发银行首次发布《关于支持中西部地区承接加工贸易梯度转移工作的意见》（以下简称《意见》），并且认定南昌、赣州等9个中部地区城市作为重点加工贸易承接地，加工贸易转移政策正式落地。《意见》申明加工贸易梯度转移具有重要战略意义，坚持政策引导和市场机制相结合，注重运用经济措施和法律手段，引导和推动加工贸易向中西部地区转移。作为加工贸易转移政策的延续，2008年，商务部发布《关于确定第二批加工贸易梯度转移重点承接地的决定》，认定重庆等22个地区为第二批加工贸易梯度转移重点承接地。2010年，商务部、人力资源和社会保障部、海关总署联合发布《关于认定第三批加工贸易梯度转移重点承接地的通知》，认定锦州市等13个地区为第三批加工贸易梯度转移重点承接地。2016年，商务部等部门认定重庆、郑州、赣州为加工贸易承接转移示范地。截至目前，共有44个加工贸易梯度转移重点承接城市，其中包含3个承接转移示范城市。2020年，商务部外贸司司长李兴乾重申，支持中西部地区和东北地区进一步承接加工贸易梯度转移，推动区域经济的协调发展。

从商产发〔2007〕428号、〔2008〕133号、〔2010〕927号等政策文件可知，加工贸易转移政策要求承接地区对转移企业或者项目实施明确的支持：第一，国家开发银行根据建设项目和借款人需求情况提供贷款支持，主要包括长期贷款、短期贷款和技术援助贷款，贷款期限、利率、额度、品种以开发银行评审承诺为准。对进入承接地的重点企业、重点项目，国家开发银行可以考虑提供优惠贷款条件，给予10%以内的利率下浮。同时，开发银行积极参与借款主体的债券承销，提供财务顾问服务。第二，给予基础设施及功能配套设施工程支持，主要包括园区的道路、供电、供水、供热、供气、排水、通信、有线电视、土地平整、污水处理、垃圾处理、环境综合整治工程等基础设施项目；软件平台、模具中心、检测中心、教育培训、孵化园、仓储物流、海关质检等功能性配套设施项目。

第二节 典型事实

一、加工贸易潜在转出地区的识别

加工贸易转移政策明确列出了承接地区的城市名单,但是没有列出加工贸易到底从何处转出。不同于西方一些国家的企业数据库具有完善的企业区位信息,目前我们掌握的中国海关、工业企业等企业数据库缺乏地理区位变动的详细信息,直接识别企业的转入和转出较为困难(孙晓华等,2018)。现有研究一般使用间接方法反映产业转移,具体用产业份额的变动来衡量产业转移,其思想是将产业转移看作一个事件,产业份额在转移发生前的变化较为平缓,在转移发生后的变化比较大,则可以判定发生了产业转移(Zhao and Yin,2011;郑鑫和陈耀,2012;孙晓华等,2018)。借鉴其思想,我们可以观察各地区加工贸易出口占全国加工贸易总出口的份额变化,进而判断是否发生了加工贸易的转入和转出。

在改革开放初期,东部沿海地区由于区位临近海港、便于运输等比较优势,承接了大量的国际加工贸易转移,东部地区是发展加工贸易较早的地区。首先,我们将东部地区省份作为潜在的加工贸易转出地区,其中包括处于改革开放前沿的大连、青岛、宁波、厦门和深圳5个计划单列市。其次,考虑到各省经济发展水平和发展阶段的不同,以及目前中国政府引导东部发达地区的经济增长模式率先由粗放型模式向高质量发展模式转变,经济相对发达的东部地区省份具有优先淘汰落后产能的倾向,经济发展水平一般的东部地区同样具有承接产业转移的需要,因此,本章将2000—2006年以前经济发展水平（人均 GDP）处于中位数以上的北京、天津、上海、江苏、浙江、福建、山东、广东等 8 个东部地区省（直辖市）以及计划单列市大连作为潜在的加工贸易转出地区。最后，即使是上述 8 个东部发达省（直辖市），同样存在经济发展水平一般且面临承接产业转移的城市，如福建省的龙岩市出现在第三批次的加工贸易承接地区城市名单上。本章按照城市加工贸易出口额占全国加工贸易总出口额的比重进行区分，计算出各市在 2000—2006 年的平均比重。统计数据显示，全部城市平均比重为 0.03%，8 个东部发达省（直辖市）和大连市的平均比重为 0.84%，其他地区平均比重为 0.02%。本章以 0.03% 作为分界线，将 8 个东部发达省（直辖市）和大连市高于 0.03% 的城市作为潜在的加工贸易转出地区，此部分城市数量大约占 69.5%，而其他高于 0.03% 的城市比重仅为 16.7%，因而区分度较高。因此，全部样本可以被分为潜在转出地区、承接地区、除承接地区以外的其他地区三部分。

二、加工贸易转移政策与企业出口

加工贸易转移政策的目标之一是将东部发达地区的加工贸易产业转移至中西部、东北相对欠发达地区，本章可以通过观察潜在转出地区、承接地区和其他地区加工贸易方式出口占全国加工贸易方式出口总额比例的动态趋势推断出政策引致结果，如图 5-1（a）所示。由于承接地区、潜在转出地区和其他地区的加工贸易方式出口比例差异较大，为了更好地观察三类地区比例的变化趋势，将承接地区和其他地区的比例绘制在左轴，潜在转出地区的比例绘制在右轴。可以看出，2007 年以后其他地区的加工贸易方式出口比例变化不大，而承接地区不断上升、潜在转出地区逐渐下降。初步推断,加工贸易转移政策带来了加工贸易产业的跨区域转移。

本章中其他地区是对照组,承接地区是实验组,为观察对照组和实验组企业出口的变化趋势,本章将两组样本企业的平均出口额绘制在图5-1(b)中。可以看出,2007年以前承接地区和其他地区加工贸易企业平均出口额的变化趋势差异不大,但2007年以后承接地区加工贸易企业出口额相比其他地区明显增加,说明加工贸易转移政策提高了承接地区加工贸易企业的平均出口水平。

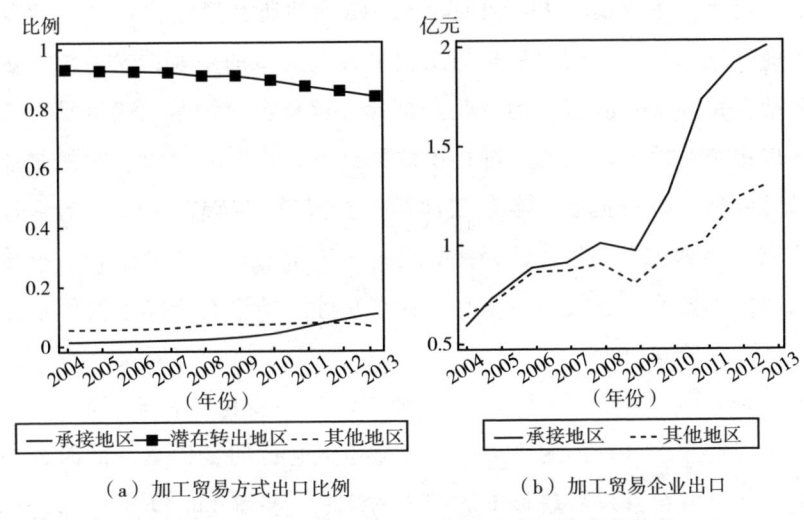

图5-1 加工贸易方式出口与企业出口的变化趋势

第三节 研究设计

一、计量模型设定

为了准确地考察加工贸易转移政策对承接地区加工贸易企业出

口的因果效应，本章使用多期双重差分法（DID）进行实证检验，设定基准计量模型公式（5-1）：

$$\text{Lnexport}_{jt} = b_0 + b_1 \cdot TREAT_c \cdot Post_t + b_2 \cdot X_{jct}$$
$$+ a_j + a_t + a_j \cdot T + x_{jt} \quad (5-1)$$

公式（5-1）中，j 表示加工贸易企业，t 表示年份，c 表示城市。因变量 Lnexport_{jt} 为企业出口，具体采用企业 j 在 t 期的出口额除以不变基期出口价格指数取自然对数表示，计价单位由美元换算为人民币。本章借鉴 Liu 和 Qiu（2016）的研究思路保留加工贸易企业样本：一是保留仅从事加工贸易方式出口的企业；二是为了更多地保留加工贸易特征的企业，将混合贸易企业按照一般贸易方式出口占企业总出口额比重进行中位数分组，将 [0, 1/2] 组的企业归类到加工贸易企业。本章关注的是交叉项 $TREAT_c \times Post_t$ 的估计系数 b_1，如果 $b_1 > 0$ 且显著，则表明加工贸易转移政策提高了承接地区加工贸易企业的出口水平。为了排除其他潜在未知不变因素的干扰，在公式（5-1）中引入企业固定效应和年份固定效应。其中，企业固定效应（a_j）用于刻画不随时间变化的企业固有特征，年份固定效应（a_t）用于刻画不随城市变化的时变因素。同时，为了排除企业自身发展趋势不同带来的影响，借鉴 Liu 和 Qiu（2016）的做法在计量模型中控制企业的时间趋势（$a_j \times T$），具体用企业的虚拟变量（a_j）与时间趋势（T）相乘获得，T 表示年份的顺序，2004 年设置为 1，其他年份逐年加 1。

$TREAT_c$ 为政策虚拟变量，如果城市 c 为商务部等部门认定的加工贸易梯度转移重点承接地，则设置为 1 并作为实验组，其他城市则设置为 0 并作为对照组。$Post_t$ 为政策实施的时间虚拟变量，由于国家在 2007 年、2008 年和 2010 年分别认定了三批加工贸易梯度转移重点承接地区城市名单，借鉴 Beck 等（2010）的做法，分别针对三个批次的城市名单设定时间虚拟变量。将第一批次的城市名单在 2007 年及以后设置为 1，其他年份设置为 0；将第二批次的城市名单在 2008 年及以后设置为 1，其他年份设置为 0；将第三批的城市名单在 2010 年及以后设置为 1，其他年份设置为 0。

二、控制变量构建

X_{jct} 为可能影响企业出口的控制变量集合。海关数据库较为缺乏企业层面的变量，本章构建与企业出口产品技术密集度相关的变量。参考 Lall（2000）的思路，海关产品按照技术含量具体分为高技术密集型、中技术密集型、低技术密集型、资源密集型和初级产品等其他 5 个种类。按照上述分组分别赋值为 0.9、0.7、0.5、0.3 和 0.1，然后按照企业每种产品的出口比重加权平均计算出企业层面的技术密集度，再按照五分位数进行重新分组。（1）将处于（4/5，1］区间的企业重新定义为高技术密集度企业，并且设置为 1，其他企业设置为 0，表示高技术虚拟变量。（2）设置中技术虚拟变量，将处于［3/5，4/5］区间的企业定义为中技术密集度企业，并且设置为 1，其他企业设置为 0。海关数据库中没有衡量行业层面的变量，将 6 位数海关产品代码（HS）统一转化为 2002 年的产品编码标准，然后将 HS 产品码与《国际标准产业分类》（ISIC/Rev3）对应，再转化为《国民经济行业分类》（GB/T 4754—2002）的行业标准。（3）设置赫芬达尔—赫希曼（HHI）指数，用行业中各企业的出口额占行业总出口额百分比的平方和表示，计算到城市层面。

加工贸易转移政策主要实施在城市层面，为尽可能地控制城市分组变量的选择效应以及排除城市其他潜在因素的干扰，构建 5 个城市层面的控制变量。分别为：（1）产业结构，用第二、三产业的工业产值之和占城市生产总值（GDP）的比重来衡量；（2）城市发展水平，用城市 GDP 除以常住总人口然后取自然对数衡量；（3）工资水平，用城市人均工资取自然对数衡量；（4）投资水平，用城市固定资产投资额除以生产总值的比例衡量；（5）交通便利度，使用城市铁路、公路、水运等客运人次除以城市总人口来衡量。

三、数据来源

本章主要使用 2000—2013 年中国海关企业数据库。贸易中间商与其他企业在出口动机、生产行为等方面存在显著差异，本章将企业名称中包含"经贸""科贸""外经""进出口""贸易"等字段的样本进行了剔除处理（Ahn et al., 2011）。同时，加工贸易转移政策的实施对象为加工贸易企业，属于制造业范畴，本章保留二位数行业代码 13—43 的制造业样本。城市层面的数据全部来源于《中国城市统计年鉴》。

第四节 实证结果与分析

一、基准回归

表 5-1 展示了加工贸易转移政策影响承接地区企业出口的基准回归结果，在计量模型中控制了企业和年份固定效应以及企业时间趋势。表 5-1 第（1）至第（5）列逐步加入了企业和城市层面的控制变量，发现 $TREAT \times Post$ 的估计系数在 1% 或 5% 水平上显著为正，表明相较于非承接地区，加工贸易转移政策显著提升了承

接地区加工贸易企业出口。表5-1第（5）列是本章的基准回归结果，核心解释变量的估计系数为0.249，说明加工贸易转移政策使承接地区加工贸易企业出口大约提升了24.9%，表明加工贸易转移政策对促进中西部、东北地区加工贸易出口发挥了巨大作用。

表 5-1　　　　　　　　基准回归的检验结果

变量	（1）	（2）	（3）	（4）	（5）
$TREAT \times Post$	0.237** (0.095)	0.239** (0.095)	0.253*** (0.097)	0.250*** (0.094)	0.249*** (0.093)
样本量	87516	87516	87516	87439	87439
R^2	0.920	0.920	0.920	0.920	0.920

注：*、** 和 *** 分别表示在10%、5%和1%上的水平显著，括号内为协方差调整后的标准误，回归方程中加入了控制变量，控制了企业和年份层面的固定效应以及企业时间趋势，第五章和第六章与此相同。

二、稳健性检验

（一）平行趋势检验

我们首先进行平行趋势检验，主要检验实验组和对照组的被解释变量（企业出口）在政策实施前是否满足相似的变化趋势。为此，本章将公式（5-1）中的时间虚拟变量（$Post_t$）替换为年份虚拟变量（$Year_t$），并将时间虚拟变量（$Post_t$）与政策虚拟变量（$TREAT_c$）相乘构建新的交乘项，并再次进行估计，如公式（5-2）所示。

$$Lnexport_{jt} = b_0 + \sum_{t=2004}^{2013} \chi_t \times TREAT_c \times Year_t + b_2 \times X_{jt} + a_j + a_t + a_j \times T + x_{jt} \quad (5-2)$$

为了直观地观察结果，本章将回归结果绘制在图5-2中，同时将2006年设置为基期。图5-2中的实线展示了加工贸易转移政策的边际效应，虚线展示了95%的置信区间。图5－2显示，2006年以前的边际效应线在零水平线附近波动，未通过显著性检验，2006年以后的边际效应线逐步向右上方倾斜，且逐步通过了5%以内的显著性检验。总体而言，图5－2表明本章实证设计基本满足平行趋势假设。

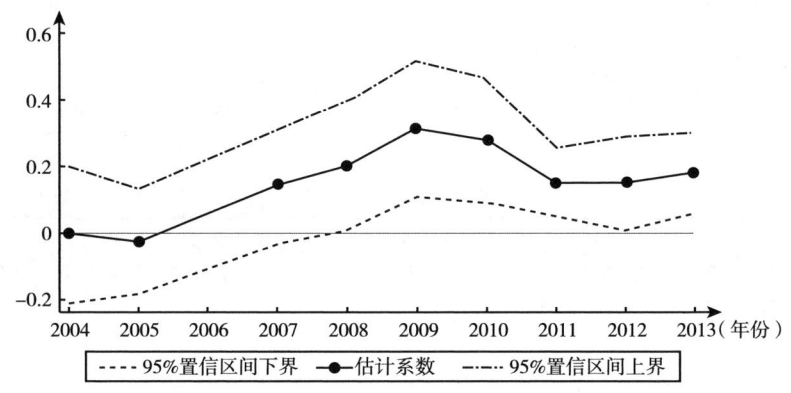

图5－2 平行趋势检验的结果

（二）更换企业出口度量指标

基准回归中使用自然对数形式衡量企业出口。为了更直接地度量企业出口量，使用未取自然对数的出口额并换算为"亿元"直接度量企业出口额（cexport），回归结果如表5－2第（1）列所示。可以看出，核心解释变量的估计系数同样显著为正，改变被解释变量的衡量方式并不影响最终结果。

同时，企业出口目的地数量、出口产品种类和贸易关系在一定程度上也可反映企业出口情况，本章进一步使用上述经济变量衡量企业出口状况。首先，分别构建企业出口目的地数目（nc）、产品数目（ng）和有效贸易关系数目（netr）变量。企业出口目的地数目（nc）使用企业当年实际出口到的国家和地区数目衡量。企业出口产品数目（ng）使用企业当年实际出口的产品数目衡量，具体以海关代码的前六位进行识别。有效贸易关系数目（netr）使用企业当年目的地（国家和地区）—产品双重维度的实际数目来衡量。其次，本章使用不变基期的企业出口额分别除以目的地、产品和有效贸易关系数目。最后，取自然对数再次度量企业出口，指标分别命名为 lnexportc、lnexportg 和 lnmexport，检验结果如表 5-2 第（2）至第（4）列所示。可以看出，加工贸易转移政策显著提升了承接地区加工贸易企业在目的地、产品、有效贸易关系等维度的出口，企业在这些细分维度出口的提升最终反映了总出口的提升。

表 5-2　　　　　　更换企业出口度量指标

变量	(1) 企业出口额 cexport	(2) 目的地出口 lnexportc	(3) 产品出口 lnexportg	(4) 有效贸易关系出口 lnmexport
$TREAT \times Post$	0.331*** (0.115)	0.206** (0.089)	0.239*** (0.084)	0.201*** (0.074)
样本量	87439	87247	87247	87247
R^2	0.915	0.903	0.925	0.913

（三）调整聚类标准

由于加工贸易转移政策实施在城市层面，因此本章的基准回归对回归标准误在城市层面进行聚类。考虑到本章使用企业层面数据，进一步将聚类标准从城市层面调整为企业层面，以作为稳健性检验，回归结果展示在表 5-3 第（1）列。可以看出，$TREAT \times Post$ 的估计系数依旧显著为正，表明调整标准误的聚类标准并未影响本章核心结论。

表 5-3　　　　　　　　　其他稳健性检验结果

变量	（1）调整聚类	（2）预期效应	（3）行业时宏因素	（4）样本选择性偏差
$TREAT \times Post$	0.249*** (0.080)	0.231** (0.103)	0.251** (0.099)	0.223** (0.093)
$TREAT \times Year_{2006}$		-0.041 (0.060)		
样本量	87439	87439	87435	72530
R^2	0.920	0.920	0.922	0.928

（四）预期效应检验

一般情况下，每一项政策在正式实施之前都会有相关信息流出，社会主体可能会产生政策预期，并影响其生产和选择行为。为控制加工贸易转移政策对企业带来的预期效应，此处构建政策虚拟变量（$TREAT$）与政策实施前 1 年虚拟变量（$Year_{2006}$）的交乘项，并纳入公式（5-1），回归结果见表 5-3 第（2）列。可见核心解释变量的估计系数显著为正，但 $TREAT \times Year_{2006}$ 的估计系数不显著，表明企业在加工贸易转移政策落地之前并未调整出口预期。

（五）控制行业层面的时宏因素

除社会经济整体的时间趋势外，行业层面潜在的时宏因素也有可能对回归结果造成干扰，因此需要控制加工贸易转移政策效力在行业层面的差异。在计量模型公式（5-1）基础上进一步控制 2 位数行业与年份的联合固定效应，检验结果如表 5-3 第（3）列所示。结果显示，核心解释变量的估计系数显著为正，表明本章实证结果稳健。

（六）排除样本选择性偏差的影响

为了解决样本选择性偏差问题，本章使用倾向得分匹配法（PSM）以及近邻匹配方式，排除对照组的企业与实验组的企业特征不相似的样本，协变量为控制变量。保留实验组和对照组相似样本后，重新进行检验，结果如表 5-3 第（4）列所示。可以看出，核心解释变量的估计系数显著为正，表明排除样本选择性偏差后，本章的研究结论没有发生变化。

（七）排除模型设定的系统性偏差

本章实证结果准确的前提条件是准确识别对照组和实验组城市。基于李等（Li et al.，2016）的做法，本章采用抽样方式推断对照组和实验组是否被准确识别。设置 500 次随机抽样实验，随机抓取三次实验组城市，三次实验组城市数量分别为 9、22 和 13，分别对应三批次承接地区城市名单，实验组以外的其他城市作为对照组，并设置新的政策虚拟变量（$TREAT$）。同时，分别对随机抓取的每组城市设置新的政策实施时间虚拟变量（$Post$）。此外，基于新的政策虚拟变量（$TREAT$）和时间虚拟变量（$Post$）构建新的交乘项，并纳入公式（5-1）重新检验。如果基准回归中政策虚拟变量的设置识别准确，则随机抽样实验中 $TREAT \times Post$ 估计系数的 t 值将与基准回归结果存在明显差异。图 5-3 展示了随机抽样中 $TREAT \times Post$ 估计系数 t 值的分布情况，可见随机抽样估计系数基本呈现正态分布特征，且与基准回归结果的 t 值（2.67）存在较大差异，大部分抽样结果位于基准回归结果的左边。表明随机抽样的回归结果明显不同于本章前文的基准回归结果，即实验组和对照组的识别较为准确。

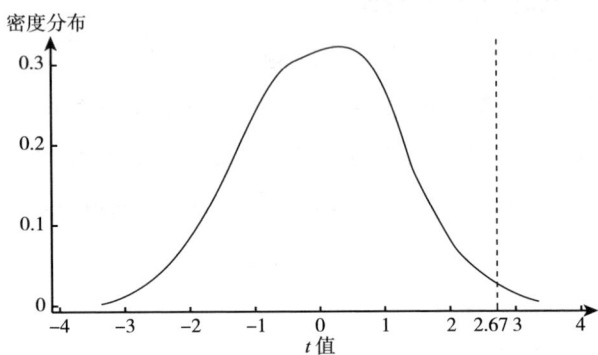

图 5-3 随机抽样估计系数的统计分布

三、异质性检验

加工贸易转移政策对承接地区企业出口的影响在不同样本间是否存在异质性？本章基于公式（5-3）检验样本的组间差异性，其中，$Hete$ 代表不同样本分类的虚拟变量，重点关注三重交乘项 $TREAT \times Post \times Hete$ 估计系数 δ 的显著性，如果该系数通过 10% 以内的显著性检验，则表明加工贸易转移政策对不同样本的影响存在异质性。

$$Lnexport_{jt} = b_0 + b_1 \cdot TREAT_c \cdot Post_t + \delta \cdot TREAT_c \cdot Post_t \cdot Hete$$
$$+ b_3 \cdot Hete + b_2 \cdot X_{jct} + a_j + a_t + a_j \cdot T + x_{jt}$$

（5-3）

（一）地区异质性

改革开放以后，东部沿海地区由于临近海港等区位优势而承接了大量国际转移来的加工贸易订单，外贸产业率先发展起来。经过40多年的发展，我国各个地区的经济发展水平呈现东部、中部和西部依次递减,并且交通状况、人口密集度等条件的比较优势逐次下降。本章所有样本包括东部剔除潜在转出地区的企业样本和中西部地区企业样本。考虑到中西部地区是加工贸易转移政策的重点关注区域,加工贸易转移政策对东部和中西部地区可能存在异质性影响。因此,本章设置地区虚拟变量 region,如果企业在东部地区则设置为 1,在西部地区则设置为 0。其中,东北地区的辽宁省归入东部地区,黑龙江省和吉林省归入中西部地区。本章将变量 region 替代公式(5-3)中样本分组变量 Hete,地区异质性检验结果见表 5-4 第(1)列。可见 $TREAT \times Post$ 的估计系数显著为正,$TREAT \times Post \times zone$ 的估计系数显著为负,表明加工贸易转移政策主要提升了中西部地区加工贸易企业出口。原因可能在于,加工贸易转移政策主要实施于中西部地区,贷款支持和基础设施建设等优惠措施带来的积极导向作用助推了当地加工贸易产业的发展。

表 5-4 异质性检验结果

变量	(1) 是否为东部地区	(2) 是否贸易自由化程度高	(3) 是否为国有企业
$TREAT \times Post$	0.273 *** (0.094)	0.333 *** (0.102)	0.300 *** (0.098)
$TREAT \times Post \times region$	-0.487 ** (0.234)		
$TREAT \times Post \times ldum$		-0.153 ** (0.070)	
$TREAT \times Post \times os$			-0.256 * (0.142)
样本量	87439	87439	87439
R^2	0.920	0.920	0.920

(二) 行业贸易自由化程度异质性

贸易自由化是影响产品是否走出国门的重要因素。一般而言,产品的贸易自由化程度越高,其开展国际贸易的可能性越大。加工贸易转移政策主要针对加工贸易产品,产品所在行业的贸易自由化程度可能会影响加工贸易转移政策的政策效应。鉴于此,本章需要计算贸易自由化程度以分析政策的异质性,使用行业的进口关税水平度量贸易自由化程度(LT),如公式(5-4)所示,其中,t、s、i 分别表示年份、6 位数海关产品和 2 位数行业,Cd 表示进口关税税率,u 表示产品的税目数,O 表示产品集合。基于中位数对历年行业贸易自由化程度(LT)进行样本分组,并设置贸易自由化虚拟变量 $ldum$,低关税水平行业取值为 1,高关税水平行业取值为 0。在此基础上,构建三重交乘项 $TREAT \times Post \times ldum$,并纳入公式(5-3)进行回归,检验结果报告在表 5-4 第(2)列。可见 $TREAT \times Post$ 的估计系数显著为正,$TREAT \times Post \times ldum$ 估计系数显著为负,说明加工贸易转移政策对贸易自由化程度或者开放程度较高行业的加工贸易企业出口的提升作用更大。推测可能的原因是,加工贸易产业具有"两头在外"的特征,并且依赖于原材料进口,进口关税越低则生产成本越低,企业出口所获得的利润越多,企业也更愿意选择出口,因此加工贸易转移政策对这类企业的积极影响更大。同时,贸易自由化促进了国际经销商与国内企业的合作,承接地区外贸企业可能通过国际合作承接加工贸易转移订单从而扩大生产和出口。

$$LT_{it} = \frac{\sum_{s \in O_i} u_{st} \cdot Cd_{st}}{\sum_{s \in O_i} u_{st}} \qquad (5-4)$$

（三）所有制异质性

尽管国有企业在所有制方面具有优势，获得地方政府政策和银行融资支持较多。但是，加工贸易转移政策的重点是鼓励承接地区民营企业发展加工贸易产业，民营企业构成了市场的中坚力量。与此同时，90%左右的加工贸易企业具有外资背景，外资企业在获得国际合作商方面具有明显优势，《关于进一步做好稳外贸稳外资工作的意见》（2020）等政策文件也强调了外资企业在加工贸易梯度转移中的重要作用。因此，基于以上现实背景，设置所有制虚拟变量 os，国有企业取1，非国有企业取0，并构建三重交乘项 $TREAT \times Post \times os$ 纳入公式（5-3），回归结果如表5-4第（3）列所示。可见 $TREAT \times Post$ 的估计系数显著为正，$TREAT \times Post \times os$ 的估计系数显著为负，说明加工贸易转移政策对非国有企业出口的提升作用更大。原因可能在于，民营企业是加工贸易转移政策的重点支持对象，得到了承接地区政府较大的政策扶持，并且民营企业更为灵活，更容易在政策扶持下得到快速发展。同时，外资企业更加熟悉国际市场情况，更容易与国外经销商达成合作意向和承接转移而来的加工贸易订单。

第五节　作用机制检验

本章需要进一步思考加工贸易转移政策促进承接地区加工贸易企业出口的作用机制是什么？本章理论分析逻辑主要来源于两个方面：其一，从已有研究得到启发，市场进入可能是承接地区企业出口提升的原因，其中既可能包含转出地区的"企业转移"模式，也可能包含优惠贷款政策导致融资约束下降进而本地内销企业转变为出口企业。其二,与已有研究的作用机制不同,市场进入对提升企业出口作用可能不大,由于外地企业转移成本过大以及本地小规模企业加工贸易业务不成熟,反而本地大规模出口企业和在位企业可以通过承接加工贸易订单方式扩大生产,进而表现为加工贸易的"订单转移"。因此,不管是市场进入带来出口扩张,还是在位企业出口份额提升,实际上都反映了资源再配置过程。本节结合企业动态(firm dynamics)理论,从资源再配置视角进行作用机制检验和分析。

一、企业动态

(一)企业出口的动态分解

由于中国海关数据库和工业企业数据库的企业特征变量没有对企业迁移状况进行详细统计,直接识别企业是否来自东部地区较为困难。已有研究一般以产业份额变动的这一事件来衡量产业转移,以转移前后产业份额的相对变化量来度量产业转移程度。本章可以通过观察企业动态中的进入、退出和在位企业三种状态出口比例的相对变化来判断产业转移状况。根据企业状态定义企业的动态行为,假定 t 代表 t 期的加工贸易出口市场,市场中的所有企业 Z 包括在位企业(S)、进入企业(E)和退出企业(X),如公式(5-5)所示。新进入企业在当期也可能退出市场,表示未能在市场中成功生存,将其归类为新进入企业。在位企业代表上期存在以及本期仍存在的企业,进入企业代表上期不存在以及本期存在的企业,退出企业代表本期存在以及下期不存在的企业。当出口市场的外部环境发生变化时,企业会对下期的生存状态进行选择,比如继续留在市场或退出市场。

$$S_{t,r} + X_t + E_t = Z_t \qquad (5-5)$$

根据公式（5-5），本节分别识别出承接地区和其他地区所有加工贸易企业动态，将企业动态分为进入、退出和在位三种状态，并且计算历年三种状态加工贸易企业出口占加工贸易出口总额的比例，具体结果见表5-5。可以看出，2005—2012年其他地区的进入企业出口比例和退出企业出口比例未发生明显变化，承接地区的进入企业出口比例和退出企业出口比例在2008年以后有所提升，但是提升幅度不大，并且在2011—2012年有所回落，说明加工贸易转移政策使承接地区企业的进入和退出市场的行为更加频繁，但政策效应持续时间不长。此外，2005—2012年，其他地区的在位企业出口比例以及加总出口比例在2008年以后明显下降，承接地区的在位企业出口比例以及加总出口比例在2008年以后则明显提升。以上结果表明加工贸易转移政策主要提升了承接地区在位企业出口比例。可以初步推断，在位企业出口份额提升而非新企业市场进入是承接地区加工贸易企业出口扩张的主因。

表5-5　　　　　企业出口动态的分解结果　　　　　单位：%

年份	其他地区				承接地区			
	(1)	(2)	(3)	(4)	(5)	(6)	(7)	(8)
	进入出口比例	退出出口比例	在位出口比例	加总出口比例	进入出口比例	退出出口比例	在位出口比例	加总出口比例
2005	3.43	1.39	90.05	94.87	0.27	0.23	4.64	5.13
2006	3.80	1.20	88.97	93.98	0.50	0.10	5.43	6.02
2007	3.96	1.19	88.02	93.17	0.22	0.10	6.52	6.83
2008	3.01	2.21	87.17	92.40	0.36	0.24	7.00	7.60

续表

年份	其他地区				承接地区			
	(1)	(2)	(3)	(4)	(5)	(6)	(7)	(8)
	进入出口比例	退出出口比例	在位出口比例	加总出口比例	进入出口比例	退出出口比例	在位出口比例	加总出口比例
2009	2.06	1.54	86.38	89.98	0.88	0.45	8.69	10.02
2010	3.88	1.84	81.70	87.42	0.85	1.79	9.94	12.58
2011	2.61	2.25	76.37	81.23	6.36	2.86	9.55	18.77
2012	3.03	1.39	71.61	76.04	1.06	0.75	22.15	23.96

（二）企业动态行为分组检验

本章设置衡量企业进入状态的变量 $enter$，将在出口市场新进入的企业设定为 1，其他企业设定为 0。对于企业退出状态变量 $exit$，将当年在出口市场出现且下一年不再出现的企业设定为 1，其他企业设定为 0。使用 Probit 模型对企业动态进行检验，计量模型控制了年份和城市固定效应，检验结果如表 5-6 第（1）和第（2）列所示。$TREAT \times Post$ 估计系数显著为正，表明加工贸易转移政策在平均效应上提升了承接地区加工贸易企业的进入和退出概率，也即该政策刺激了企业进入和退出市场的行为，市场的优胜劣汰机制发挥了主导作用。在此基础上，按照企业的进入、退出和在位三种状态进行分组检验，检验结果如表 5-6 第（3）至第（5）列所示。结果显示，$TREAT \times Post$ 的估计系数在第（3）和第（4）列为正但不显著，在第（5）列显著为正，该结果表明加工贸易转移政策主要提升了承接地区在位加工贸易企业的出口水平，而新进入企业对当地出口的提升作用较小。

表 5-6　　企业动态检验结果

变量	(1) 进入概率 enter	(2) 退出概率 exit	(3) 进入部分 lnexport	(4) 退出部分 lnexport	(5) 在位部分 lnexport
TREAT × Post	0.235*** (0.078)	0.328*** (0.077)	0.152 (1.510)	5.444 (3.568)	0.171** (0.071)
样本量	79221	79247	1497	1341	49932
R^2	—	—	0.996	0.996	0.947

市场进入既可能是"企业转移"模式造成,也可能是优惠贷款措施缓解融资约束后本地企业参与加工贸易方式出口倾向增强造成。但是上述检验结果表明,市场进入不是加工贸易转移政策提升企业出口的原因,至少可以说明"企业转移"模式并非加工贸易转移政策提升承接地区加工贸易企业出口的作用机制。推测可能的原因是,在位企业的厂房、设备、生产规模等条件更为成熟,更容易获得东部地区转移而来的加工贸易订单,因此这类企业的出口扩张更明显。而新进入企业的生产技术和生产设备不占优势,因此很难获得东部地区转移来的订单,对承接地区出口增长的贡献相对较小。

二、资源配置效应

表 5-5 和表 5-6 的回归结果表明,承接地区加工贸易企业出口额的变动与企业动态有关,同时企业进入、退出动态变化伴随着市场的资源配置过程。一般而言,地区整体的出口规模扩张不仅可以来自在位企业出口水平的增加,也可以来自企业进入和退出动态调整下的资源配置。实际上,如果资源从低水平出口企业向高水平出口企业流动,或者企业的生产模式从低出口份额向高出口份额转变,则市场的资源配置状况得到改善。因此,本部分的研究视角从

微观企业视角转移至宏观地区视角，由于加工贸易转移政策的实施对象在城市层面，我们从城市层面估算资源配置效应对城市出口的影响和贡献度大小，并且动态分解城市层面的出口额变动（export）。城市出口额（export）使用《中国海关企业数据库》公布的企业出口额在城市层面加总获得，如公式（5-6）所示。

$$\begin{aligned}\Delta export &= s_{X1}(export_{S1} - export_{X1}) + (export_{S2} - export_{S1}) \\ &\quad + s_{E2}(export_{E2} - export_{S2}) \\ &= \underbrace{s_{E2}(export_{E2} - export_{S2})}_{\text{进入企业效应}} + \underbrace{s_{X1}(export_{S1} - export_{X1})}_{\text{退出企业效应}} \\ &\quad + \underbrace{\Delta \overline{export}_s + \Delta cov_s}_{\text{在位企业配置效应}} \end{aligned} \quad (5-6)$$

公式（5-6）中，E、X、S 分别代表企业的进入、退出和在位状态，以及这三种状态的企业集合，$\Delta export$ 代表从本期到下期城市出口水平的变动。进入企业效应，代表企业进入出口市场带来的城市总体出口水平变动；退出企业效应，代表企业退出出口市场导致的城市总体出口水平变动；在位企业配置效应，代表在位企业出口市场份额变化导致的城市总体出口水平变动。配置效应数值为正，则表明资源由低水平出口在位企业向高水平出口在位企业转移。

我们根据公式（5-6）分别估算出承接地区和其他地区的城市层面出口的动态分解结果，如表5-7所示。在公式（5-6）中，第（1）行中总变动如果为正，表明城市出口呈现增长的变化趋势；第（2）行中进入企业效应如果为正，表明进入企业平均出口水平高于在位企业；第（3）行中退出企业效应如果为正，表明退出企业平均出口企业低于在位企业；第（4）行中在位企业配置效应如果为正，表明在位企业出口水平或者出口份额提升引致了城市总体出口水平的提升。行（2）至行（4）中的进入企业效应、退出企业效应和在位企业配置效应,反映了总体的资源配置效率水平。

表 5-7　　　　　城市出口的动态分解结果

分类	Δexport 分解结果(亿元)		贡献度	
	其他地区	承接地区	其他地区	承接地区
(1) 总变动	0.1285	0.4370		
(2) 进入企业效应	-0.0015	0.0038	-1.14%	0.86%
(3) 退出企业效应	0.0238	0.0045	18.49%	1.04%
(4) 在位企业配置效应	0.1062	0.4287	82.65%	98.10%

从表 5-7 第(1)行可以看出,承接地区和其他地区城市层面平均出口变动额分别为 0.4370 亿元和 0.1285 亿元,说明承接地区和其他地区城市层面的企业平均出口均表现出增长趋势,且承接地区出口增长幅度远大于其他地区。第(2)行表明,其他地区进入企业效应和贡献度均为负,表明其他地区进入企业的出口水平低于在位企业;承接地区进入企业效应和贡献度均为正,说明承接地区进入企业的出口水平高于在位企业;整体来看,加工贸易转移政策促使更多高出口水平企业进入承接地区,但进入企业效应的贡献度在两个地区间差异不大,因而企业进入效应对出口增长的作用有限。第(3)行表明,其他地区退出企业的出口水平低于在位企业,但承接地区退出企业的出口水平与在位企业相差不大,说明承接地区市场竞争程度较大,市场优胜劣汰机制导致一些高水平出口企业退出市场。第(4)行表明,承接地区在位企业出口份额提升对城市出口增长的贡献度达到 98.10%,远大于其他地区的 82.65%,说明加工贸易转移政策促使承接地区资源由低水平出口在位企业向高水平出口在位企业配置,提高了在位企业间的资源配置效率。以上结果表明,加工贸易转移政策显著改善了承接地区的资源配置状

况,提升了在位企业出口份额,进而促进承接地区出口扩张。

三、影响渠道检验

(一)不同规模在位企业出口

由于新进入企业对承接地区出口增长的贡献不大,承接地区在位企业出口水平和出口份额的变化是承接地区出口增长的重要来源。但是,承接地区在位企业规模也存在差异,规模较大的在位企业生产设备较为先进,且市场竞争力较大,因此在争夺东部地区转移来的加工贸易订单方面具有优势。据此,本章从在位企业规模异质性视角分析加工贸易转移政策对出口总额的影响渠道。基于在位企业规模进行中位数分组,并分别进行检验,结果展示在表 5 - 8 第(1)和第(2)列中。可以看出,加工贸易转移政策提升了大规模在位企业的出口水平,但是对小规模在位企业的影响不显著。可能的原因是,大规模在位企业获得了大部分加工贸易转移订单,促进了企业出口增长;而小规模在位企业可能在生产设备、市场势力、国际合作等方面处于相对劣势,从而获得的加工贸易转移订单有限。该结果也间接证实了新进入企业对承接地区出口扩张的贡献度不大,主要原因是新进入企业在出口规模和生产设备等方面不具备明显优势。

表 5 - 8 影响渠道检验

变量	(1)	(2)	(3)	(4)	(5)	(6)
	小规模	大规模	小规模	大规模	小规模	大规模
	lnexport	lnexport	enterate	enterate	exitrate	exitrate
$TREAT \times Post$	0.125 (0.110)	0.182 *** (0.053)	-0.045 (0.028)	0.011 *** (0.004)	-0.061 (0.038)	0.014 (0.024)

续表

变量	(1)小规模 lnexport	(2)大规模 lnexport	(3)小规模 enterate	(4)大规模 enterate	(5)小规模 exitrate	(6)大规模 exitrate
样本量	23033	24739	23033	24739	23033	24739
R^2	0.879	0.948	0.761	0.713	0.763	0.714

(二) 在位企业产品转换行为

加工贸易订单的转移可以用产品的转换行为来体现。作为企业动态理论的延伸,产品转换理论可以反映企业内部产品的动态变化,进而反映企业内部产品间的资源配置状况。产品转换包括了产品创造和产品退出两方面,产品创造体现了企业生产和出口新产品的行为,通常伴随着企业新订单的流入;产品退出表明企业不再生产和出口某些产品,企业订单随之流失。借鉴 Bernard 等 (2010) 的方法度量企业的产品转换行为,企业 j 在 t 年增加或者减少的 6 位数海关产品种类总数量除以 t 年和 $(t-1)$ 年该企业 6 位数海关产品种类数量的年平均数衡量产品转换率,产品创造率 (enterate) 和产品退出率 (exitrate) 的计算过程如公式 (5-7) 和公式 (5-8) 所示。其中,$enHS_{j,t}$ 表示企业 j 在 t 年所生产产品中新增的产品种类数量,$exHS_{j,t}$ 表示企业 j 在 t 年所生产产品中没有再生产的产品种类数量,$HS_{j,t}$ 表示企业 j 在 t 年生产的产品种类数量,$HS_{j,t-1}$ 表示企业 j 在 $(t-1)$ 年生产的产品种类数量。

$$enterate_{j,t} = \frac{enHS_{j,t}}{\frac{1}{2} \times (HS_{j,t} + HS_{j,t-1})} \quad (5-7)$$

$$exitrate_{j,t} = \frac{exHS_{j,t}}{\frac{1}{2} \times (HS_{j,t} + HS_{j,t-1})} \quad (5-8)$$

此处仍基于企业规模差异，分组检验加工贸易转移政策对不同规模企业产品创造率和产品退出率的影响，如表5-8第（3）至第（6）列所示。对于产品创造，可以看出加工贸易转移政策显著促进了大规模企业的产品创造率，表明随着加工贸易转移订单的增加，承接地区加工贸易企业不断增加新产品的生产和出口。对于产品退出，可以看出加工贸易转移政策对于不同规模企业产品退出率的影响均不显著。总结来看，大规模企业由于获得更多的加工贸易转移订单而生产新产品，并在此过程中提升企业出口水平，小规模企业由于未获得更多的加工贸易转移订单而未表现出显著的产品转换行为。

四、拓展性分析

加工贸易转移政策是促进区域协调发展的重要措施，那么该政策在提升承接地区城市出口的同时，能否以点带面促进其他地区城市加工贸易的发展，进而实现不同地区间的协调发展？与此同时，产业转移通常遵循一定的规律，比如企业在转移过程中会根据区位、经济结构等特征建厂选址，同时考虑空间因素，因此从城市层面看，不同城市间的经济活动可能具有空间关联性。本章分别采用空间地理距离矩阵和空间经济距离矩阵计算历年城市加工贸易出口的空间自相关特征，并采用全局Moran's I 指数进行度量。Moran's I 指数的范围为 $-1—1$，如果该指数大于0，则表明变量呈现空间正相关，值越大空间相关性越大。2004—2013年城市层面加工贸易出口额对数值（lncexport）的 Moran's I 指数如表5-9所示。可以看出，基于空间地理距离矩阵和空间经济距离矩阵计算出的 Moran's I 指数均大于0，对应 p 值接近于0且拒绝原假设，表明城市间加工贸易出口额存在空间自相关性。

表 5-9　　2004—2013 年城市加工贸易出口莫兰指数

年份	地理距离矩阵	经济距离矩阵
2004	0.386***	0.201***
2005	0.387***	0.137***
2006	0.393***	0.132***
2007	0.397***	0.196***
2008	0.394***	0.206***
2009	0.411***	0.204***
2010	0.403***	0.210***
2011	0.410***	0.133***
2012	0.412***	0.227***
2013	0.408***	0.212***
平均值	0.400***	0.186***

本章进一步检验加工贸易转移政策对承接地区地理和经济邻近城市的加工贸易出口产生的溢出效应。由于无法测量和估计企业间的空间溢出，本部分检验使用城市层面的出口数据。首先，检验加工贸易转移政策对城市加工贸易出口的影响，如公式（5-9）所示，计量模型包含城市层面控制变量，并控制了城市和年份固定效应，检验结果如表 5-10 第（1）列所示。可以看出，核心解释变量 $TREAT \times Post$ 的估计系数显著为正，表明加工贸易转移政策显著促进了承接地区城市的加工贸易出口，这与企业层面的检验结果一致。

$$\ln cexport_{ct} = b_0 + b_1 \cdot TREAT_c \cdot Post_t + b_2 \cdot X_{ct} + a_c + a_t + x_{ct}$$

$$(5-9)$$

表 5–10　空间双重差分杜宾模型的回归结果

变量	(1) 城市加工贸易出口 lncexport	(2) 地理距离矩阵 lncexport	(3) 经济距离矩阵 lncexport
$W \times lncexport$		0.415*** (0.115)	0.227*** (0.078)
$TREAT \times Post$	0.652*** (0.246)	0.415*** (0.162)	0.526*** (0.188)
$W \times TREAT \times Post$		0.189*** (0.055)	0.076** (0.035)
样本量	2640	2640	2640
R^2	0.800	0.516	0.497

在上述检验的基础上，我们进一步构建空间双重差分杜宾模型进行检验，如公式（5-10）所示。其中，W 为空间矩阵，空间地理距离矩阵基于各市的经纬度计算得出，空间经济距离矩阵基于各市的人均 GDP 计算得出。η_1 为空间自回归系数，η_2 为加工贸易转移政策的空间溢出系数。空间溢出模型的检验结果如表 5-10 第（2）和第（3）列所示。结果显示，$W \times lncexport$ 的估计系数显著为正，与 Moran's I 指数测度结果一致，表明城市加工贸易出口存在正向空间自相关性。$TREAT \times Post$ 的估计系数也显著为正，表明在考虑空间溢出的情况下本章结论不变。更加值得关注的是，$W \times TREAT \times Post$ 的估计系数也显著为正，表明加工贸易转移政策能够显著促进地理和经济邻近城市的加工贸易出口，同时受到地理和经济因素的双重影响。因此，可以推断，加工贸易转移政策可以通过以点带面的方式产生积极的空间溢出效应，有助于促进中西部、东北地区内部城市间的协调发展，最终目标是促进欠发达地区的全域发展。

$$\begin{aligned} \ln cexport_{ct} = & b_0 + b_1 \cdot TREAT_c \cdot Post_t + b_2 \cdot X_{ct} + \eta_1 \cdot W \cdot \ln cexport_{ct} \\ & + \eta_2 \cdot W \cdot TREAT_c \cdot Post_t + \eta_3 \cdot W \cdot X_{ct} \\ & + a_c + a_t + x_{ct} \end{aligned} \qquad (5-10)$$

第六节 本章总结

协调发展是高质量发展的内在要求，贯通区域协调发展既能解决发展不平衡问题，也有利于建设现代化经济体系。东部地区和重点城市具有自然和人文等区位比较优势，并且在发展初期得到了国家政策的倾斜，特别是东部地区在改革开放以后承接了大量以加工贸易为主的劳动密集型产业，通过出口导向型经济促进当地快速发展。与此同时，中西部、东北地区发展相对缓慢和滞后，从而拉大了东部与中西部、东北地区的发展差距。加工贸易梯度转移有助于促进我国区域协调发展以及构建"双循环"新发展格局。本章以商务部等部门在2007年以后实施的加工贸易转移政策作为研究案例，采用多期双重差分法系统研究加工贸易转移政策对承接地区加工贸易企业出口的影响和作用机制。

结果显示，加工贸易转移政策显著提升了承接地区加工贸易企业出口，并通过了各类稳健性检验。异质性检验发现，加工贸易转移政策主要促进中西部地区、贸易自由化程度较高行业以及非国有企业样本组的加工贸易企业出口。本章基于企业动态理论展开作用机制检验，主要发现：第一，加工贸易转移政策增大了承接地区企业进入和退出市场的概率，但企业进入和退出市场的行为并非加工贸易转移政策提升企业出口的内在原因；相反，在位企业出口扩张是承接地区出口增长的主要原因。第二,城市层面加工贸易出口动态分解结果显示,承接地区在位企业配置效应对当地出口增长起到了 98.10% 的贡献,远大于其他地区的 82.65%,且承接地区进入和退出企业总效应的贡献度不足 2%。整体表明,加工贸易转移政策提升了在位企业出口份额,优化了在位企业间的资源配置效率。第三,从影响渠道来看,加工贸易转移政策通过提升承接地区大规模在位企业的出口水平和产品创造率,进而促进当地出口增长,表明大规模在位企业承接了更多的加工贸易转移订单。此外,本章的拓展性分析发现,加工贸易转移政策增大了空间溢出效应,并且促进了地理和经济邻近城市的加工贸易出口,有助于不同地区间的协调发展。

第六章　加工贸易梯度转移与企业利润率

第一节　典型事实

企业在以利润最大化为主要目标的前提下，加工贸易承接地区需要至少保证企业获取完全竞争市场的正常利润或者优惠政策下的超额利润，才能保证加工贸易转移政策的顺利推行。我们分别计算出三批次承接地区和其他地区企业的平均利润率，绘制图 6-1。图 6-1 显示，2000—2013 年其他地区企业平均利润率的变化趋势变动不大。在 2000—2006 年，三批次承接地区企业平均利润率的变化趋势基本一致。在 2007—2013 年，承接地区企业平均利润率在政策实施后的增长变化趋势显著大于其他地区，但与其他地区的差值呈现先增大后减小的特征。图 6-1 结果表明，加工贸易转移政策可能显著提高了承接地区加工贸易企业的平均利润率，但是呈现先提升后下降的"∩"形特征。

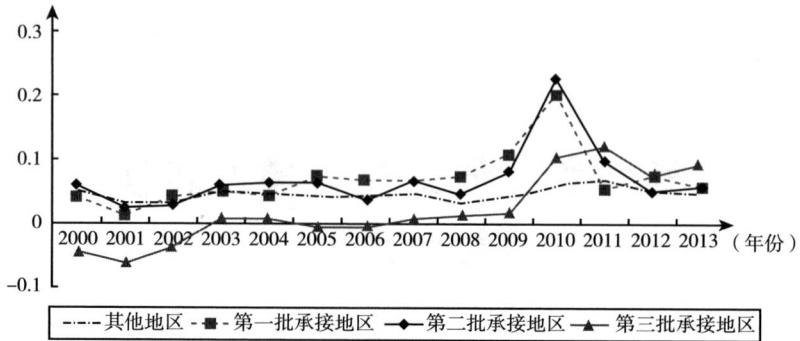

图 6-1 承接地区与其他地区企业平均利润率变化趋势

第二节 研究设计

一、计量模型

为了验证加工贸易转移政策对承接地区加工贸易企业利润率的因果效应,本章使用多期双重差分法(DID)进行研究(Beck et al., 2010),设定如下基准计量模型:

$$Profitrate_{jct} = b_0 + b_1 \cdot TREAT_c \cdot Post_t + b_2 \cdot X_{jct} + a_j + a_t + a_j \cdot T + x_{jct} \quad (6-1)$$

公式(6-1)中,c 表示地级市,j 表示企业,t 表示年份。被解释变量 $Profitrate$ 为企业利润率,代表企业的盈利水平,使用现有研究较为常用的销售利润率指标(刘灿雷等,2018),即用企业总利润占销售收入的比值来度量。解释变量 $TREAT \times Post$ 表示加工贸易转移政策的效力,X 为控制变量集。a_j、a_t 分别为企业固定效应和年份固定效应,χ_{jct} 为随机误差项。同时为了排除不同企业发展趋势不同的干扰，借鉴 Liu 和 Qiu（2016）的研究思路，将企业特征因素的线性时间趋势项（$a_j \times T$）作为控制变量加入计量模型中进行控制。企业的时间趋势（$a_j \times T$）用每个企业的虚拟变量（a_j）与时间趋势项（T）的交互项衡量，T 表示年份的顺序，比如将 2000 年设置为 1，则 2013 年 T 为 14。

$TREAT$ 为政策虚拟变量，本章将商务部等部门联合认定的加工贸易梯度转移重点承接地区城市的加工贸易企业作为实验组样本并设置为 1，其他城市的加工贸易企业作为对照组样本并设置为 0。$Post_t$ 为政策的时间虚拟变量，商务部在 2007 年 11 月、2008 年 4 月和 2010 年 11 月分别认定了三批次的加工贸易梯度转移重点承接城市，借鉴 Lu 等（2017）的做法，将政策发生当年的 $Post$ 数值设置为 $(12-n)/12$，n 为对应的月份。将第一批次城市的样本在 2007 年设定为 1/12，2008 年及以后设置为 1，2007 年之前设置为 0；第二批次城市在 2008 年设置为 2/3，2009 年及以后设置为 1，2008 年之前设置为 0；第三批城市在 2010 年设置为 1/12，2011 年及以后设置为 1，2010 年之前设置为 0。本章关注的是交叉项 $TREAT \times Post$ 的估计系数 b_1，b_1 刻画了承接地区与其他潜在承接地区中企业利润率在加工贸易转移政策实施前后的平均差异，如果 $b_1 > 0$ 且通过显著性检验，则表明加工贸易转移政策在平均效应上显著提高了承接地区企业的利润率。

二、变量说明

本章构建可能影响企业利润率的控制变量集合（X）：
（1）企业年龄 age，用企业存续年限的对数值衡量。
（2）企业规模 $scale$，用企业总资产取自然对数衡量，并且折算为2000年价格。

（3）资本密集度 lnkl，用固定资产净值与从业人数的比值取自然对数值衡量，固定资产净值折算到2000年价格。

（4）本章研究对象为加工贸易方式出口企业，由于海关数据库中较为缺乏刻画出口企业的特征变量，需构造出企业出口的技术密集度变量。参考 Lall（2000）的思路，海关产品按照技术含量具体分为高技术密集型、中技术密集型、低技术密集型、资源密集型和初级产品5个种类。我们先按照上述分组分别赋值为0.9、0.7、0.5、0.3和0.1，然后按照企业每种产品的出口比重加权平均计算出企业层面的技术密集度，最后按照五分位数进行重新分组。将处于4/5分位数以上的企业重新定义为高技术密集度企业并设置为1，其他企业设置为0，设置高技术企业虚拟变量（hightech）。同时，设置中技术企业虚拟变量（midtech），将处于3/5分位数到4/5分位数之间的企业定义为中技术密集度企业，并且设置为1，其他企业设置为0。

（5）根据企业实收资本的构成来区分所有制形式。如果企业的外资和港澳台资本占总实收资本的比重最大，则定义为外资企业；如果国有和集体资本占比最大，则定义为国有企业；其他为民营企业。设置外资企业虚拟变量（foe），将外资企业设置为1，其他企业设置为0；设置国有企业虚拟变量（soe），将国有企业设置为1，其他企业设置为0。

（6）产业结构（indust），用城市第二、第三产业的工业产值之和占地区总产值的比重来衡量。

（7）城市发展水平（lnpgdp），用城市生产总值（GDP）除以常住总人口后取自然对数表示，并且折算为2000年价格。

（8）投资水平（invest），用城市固定资产投资额除以生产总值的比重来衡量。

（9）城市交通便利度（*traffic*），使用城市铁路、公路、水运等客运人次除以城市总人口来衡量。

三、数据说明

本章主要使用 2000—2013 年的中国海关企业数据库、工业企业数据库和《中国城市统计年鉴》。由于出口代理商与其他出口企业在出口动机、生产行为等方面存在显著差异，我们将出口代理商企业进行了剔除处理。本章研究对象主要是加工贸易企业，在保留加工贸易企业的基础上，借鉴 Liu 和 Qiu（2016）的思路，将混合贸易企业中一般贸易方式出口占企业总出口额比例低于 0.25 的企业归类到样本中。本章对工业企业数据进行了预处理，删除了企业职工人数小于 8 人、总资产小于固定资产、实收资本等于或小于 0，以及工业产出值、销售收入、总资产等关键变量缺失或者为负等不符合会计准则的样本。同时，本章使用企业名称、邮编和电话号等信息对中国海关企业数据库和工业企业数据库进行了匹配。根据国家在 2002 年颁布的《国民经济行业分类》对中国工业行业分类（CIC）四位码进行了调整统一。城市层面的控制变量来源于《中国城市统计年鉴》。

第三节 实证检验

一、基准回归

表 6-1 报告了加工贸易转移政策对承接地区加工贸易企业利润率影响的检验结果。计量模型控制了企业固定效应、年份固定效

应和企业的时间趋势,以及在城市层面对回归标准误进行了聚类调整。从第(1)至第(5)列逐步加入了企业和城市层面的控制变量,回归结果表明,交叉项 $TREAT \times Post$ 的估计系数显著为正。这些结果综合表明,相较于其他地区,加工贸易转移政策在平均效应上显著提高了承接地区加工贸易企业的平均利润率。$TREAT \times Post$ 的估计系数值平均为 0.046,经计算承接地区企业平均利润率为 0.057,0.046 除以 0.057 约等于 0.807。这说明在平均影响上,加工贸易转移政策在提升企业利润率中大约起到了 80.7% 的积极作用。

表 6-1 基准回归结果

变量	(1)	(2)	(3)	(4)	(5)
	profitrate	profitrate	profitrate	profitrate	profitrate
$TREAT \times Post$	0.045** (0.020)	0.046** (0.020)	0.046** (0.020)	0.046** (0.020)	0.047** (0.021)
样本量	20675	20675	20675	20675	20657
R^2	0.794	0.796	0.796	0.796	0.797

二、动态检验

双重差分法估计是否有效需要满足平行趋势性假设,即在政策实施之前实验组和对照组企业的利润率沿着相同的趋势变化。本章在公式(6-1)基础上,将时间虚拟变量($Post_t$)替换为各年份的虚拟变量($Year_t$),并且与政策虚拟变量($TREAT_c$)相乘,然后再进行估计,如公式(6-2)所示。

$$Profitrate_{jct} = b_0 + \sum_{t=2000}^{2013} \chi_t \times TREAT_c \times Year_t + b_2 \times X_{jct} + a_j + a_t + a_j \times T + x_{jct} \qquad (6-2)$$

我们将 2006 年设置为基准年份，同时为了直观起见，将新交叉项 TREAT × Year 的估计系数绘制在图 6-2 中的左图。其中，带有"○"的实线部分刻画了加工贸易梯度转移政策的边际效应，虚线部分描绘的是 95% 的置信区间。左图显示，2000—2007 年的边际效应线较为平坦且没有通过显著性检验，2008 年以后边际效应线出现明显上升且逐步通过显著性检验，但在 2011—2013 年的边际效应线逐步下降且显著性下降。总体而言，上述检验结果较好地支持了本章使用的双重差分法（DID）满足平行趋势的假设。

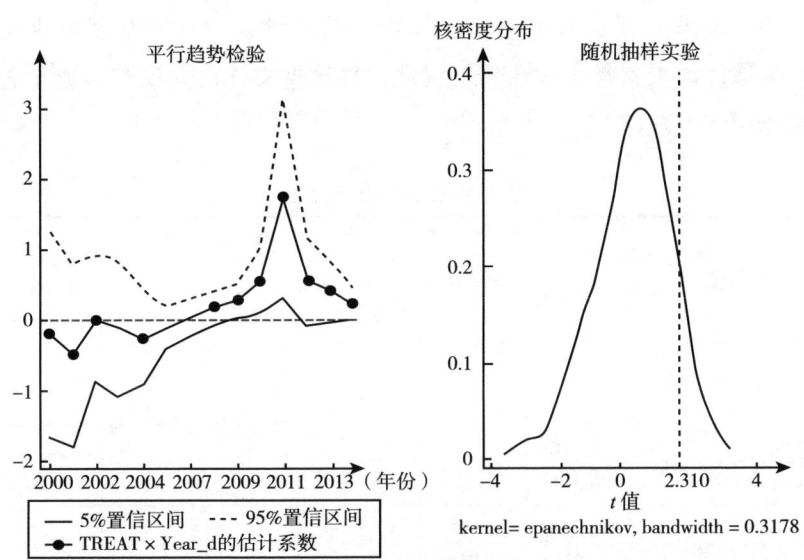

图 6-2 平行趋势检验和随机抽样实验

三、稳健性检验

（一）政策的预期效应

加工贸易转移战略是在国家"加工贸易转型升级"和"促进区

域协调发展"国家战略的大背景之下,潜在的加工贸易承接地区的企业会对该政策形成一定的预期,进而可能对加工贸易转移政策的实施效果造成影响。为了确保基准回归结果的有效性,我们首先检验承接地区企业是否存在预期效应。具体的做法是,分别设置加工贸易转移政策前的年份虚拟变量($Year_t$),例如2004年的年份虚拟变量,是将2004年设置为1,其他年份设置为0,并标记为$Year\_2004$。然后将TREAT变量与各年的Year变量形成新交叉项并将其加入公式(6-1)中进行估计,如表6-2第(1)列所示。发现2000—2006年新交叉项$TREAT \times Year$的估计系数并不显著,说明承接地区加工贸易企业在加工贸易转移政策实施前并没有形成显著的盈利调整预期。

表6-2　　　　　　　　　预期效应和安慰剂检验

变量	(1) 预期效应	(2) 虚拟实施年为2005年	(3) 虚拟实施年为2004年	(4) 虚拟实施年为2003年	(5) 虚拟实施年为2002年	(6) 虚拟实施年为2001年
$TREAT \times Post$	0.053** (0.026)					
$TREAT \times Year\_2006$	-0.012 (0.016)					
$TREAT \times Year\_2005$	-0.026 (0.027)	0.003 (0.011)				
$TREAT \times Year\_2004$	-0.047 (0.050)		-0.019 (0.019)			
$TREAT \times Year\_2003$	-0.034 (0.070)			-0.003 (0.025)		
$TREAT \times Year\_2002$	-0.024 (0.067)				0.030 (0.023)	

续表

变量	(1) 预期效应	(2) 虚拟实施年为2005年	(3) 虚拟实施年为2004年	(4) 虚拟实施年为2003年	(5) 虚拟实施年为2002年	(6) 虚拟实施年为2001年
$TREAT \times Year\_2001$	-0.080 (0.085)					-0.043 (0.032)
$TREAT \times Year\_2000$	-0.053 (0.105)					
样本量	20657	10129	10129	10129	10129	10129
R^2	0.797	0.873	0.873	0.873	0.873	0.873

(二) 安慰剂检验

在证明满足平行趋势假设基础上,需要对加工贸易政策实施前的实验组和对照组进行反事实的安慰剂检验。具体而言,选用加工贸易转移政策实施之前的样本 (2000—2006 年),分别假设加工贸易转移政策发生在 2005 年、2004 年、2003 年、2002 年和 2001 年,然后重新进行回归分析。如果虚拟的加工贸易转移政策调整年份对企业利润率的影响不显著,则基准模型的回归结果是可信的,检验结果见表 6-2 第 (2) 至第 (6) 列。发现各年对应新交叉项 $TREAT \times Year$ 的估计系数不显著,因此通过了反事实的安慰剂检验。

(三) 系统选择性偏差

使用双重差分法的基础条件是准确识别实验组和对照组。作为稳健性检验,本章以随机抽样的方式检验承接地区城市和其他地区城市的识别并非随机选择。首先,随机抓取 3 个城市样本组,分别对应 3 批次承接地区城市名单中城市数量的 9 个、22 个、13 个,共44个城市作为实验组,其他城市作为对照组,设置新的政策虚拟变量(TREAT)。其次,分别对随机抓取的每组城市设置新的时间虚拟变量(Post)。最后,将新的政策虚拟变量(TREAT)与新的时间虚拟变量(Post)放入公式(6-1)中重新进行检验。如果本章准自然实验的城市分组变量的设置存在系统性偏差,则随机抽样实验中 TREAT×Post 估计系数的方向和显著性与基准回归结果相近;反之,初始设置的识别框架是有效的。图6-2中的右图描述了 TREAT×Post 估计系数 t 值的300次随机抽样分布。图6-2(右)显示,同表6-1第(5)列 t 值(2.310)相比,300次随机抽样的 t 值分布基本以0为中心,且几乎在虚线的左侧,仅2次出现在右侧。说明随机抽样回归结果与表6-1第(5)列的结果存在显著差异,因此本章的准自然实验不存在系统性偏差。

(四)更换衡量企业盈利状况的指标

资产收益率(roa)是衡量企业盈利能力的重要指标,资产收益率用企业净利润除以总资产表示,检验结果如表6-3第(1)列所示。容易发现,交叉项的估计系数显著为正,这说明加工贸易转移政策显著提高了企业的资产收益率。

表6-3 稳健性检验

变量	(1)资产收益率	(2)贸易方式标准	(3)城市标准	(4)上市公司数据	(5)一般贸易企业	(6)保留相邻城市	(7)倾向得分匹配法
TREAT×Post	0.042** (0.017)	0.033* (0.019)	0.045** (0.020)	0.603*** (0.136)	0.016 (0.011)	0.057* (0.034)	0.073* (0.039)
样本量	20657	24536	21929	155	99696	2919	2372
R^2	0.797	0.791	0.794	0.804	0.808	0.802	0.823

(五)更换贸易方式和城市的保留标准

本章前文将混合贸易企业中一般贸易方式出口占企业总出口额比例低于 0.25 的企业归类到样本中,我们将标准提升到 0.4 以保留更多的混合贸易企业,检验结果如表 6-3 第(2)列所示。可以发现,交叉项的估计系数显著为正,说明调整混合贸易企业的保留样本不会对本章实证结果造成实质性干扰。同时,本章前文剔除了东部发达省市加工贸易出口额占全国加工贸易总出口额的比重大于 0.03% 的城市,在此基础上将标准提升到 0.05% 以保留更多的东部发达地区样本,检验结果如表 6-3 第(3)列所示。容易发现,交叉项的估计系数显著为正,说明调整东部发达省市的保留样本的检验结果与本章前文一致。

(六)使用上市公司数据

相较于工业企业,上市公司的基本信息、财务信息及附注更为全面,从而可以识别企业是否存在跨地区经营。但是,我国企业进入股市的门槛一般较高,上市公司的数据量要远小于工业企业。尽管如此,本章使用上市公司数据进行稳健性检验,并且剔除跨地区经营的样本,数据来源于国泰安数据库。首先,我们用上市公司和工业企业两套数据库的企业名称进行匹配,并且保留匹配成功的样本。其次,根据在上市公司财务信息附注中的子公司情况表寻找子公司所在的地址。最后,对比母公司与子公司的地址,将不处于相同城市的样本剔除,然后基于公式(6-1)重新检验。检验结果报告在表 6-3 第(4)列,交叉项的估计系数依然显著为正,与基准回归结果一致。说明在使用上市公司数据并排除跨地区经营情况下,本章结论未发生改变。

（七）使用一般贸易企业样本

由于加工贸易转移政策的对象为加工贸易企业，相对来讲，即使存在政策的溢出效应，一般贸易企业受到加工贸易转移政策的影响应该更小或者不受影响。本章使用一般贸易企业样本进行反向稳健性检验，回归结果如表6-3第（5）列所示。结果显示，交叉项的估计系数为正且没有通过显著性检验，与本章前文基准结果差异较大。因此，反向证明了加工贸易转移政策主要显著提升承接地区加工贸易企业的利润率。

（八）保留相邻城市样本

双重差分法要求实验组和对照组城市具有一定相似性，以进行"双胞胎"自然实验。考虑到相邻的城市在经济发展水平、区位优势、人文环境等具有相似性，我们分别找出与每个加工贸易承接城市地理位置相邻的城市，将承接城市设置为实验组，将地理相邻的城市设置为对照组，然后重新进行检验，回归结果如6-3第（6）列所示。可以看出，交叉项的估计系数显著为正，与本章前文估计结果一致。

（九）使用倾向得分匹配法

双重差分法要求实验组和对照组的样本是随机分布的，本章在计量模型中加入了城市层面的控制变量以控制城市分组的选择效应，但是依然可能存在样本选择性偏差。为解决这一问题，本章采用倾向得分匹配法（PSM）对实验组城市和对照组样本进行1∶1配对，并利用匹配后样本对公式（6-1）重新进行参数估计，回归结果见表6-3第（7）列。可以发现，$TREAT \times Post$的估计系数显著为正，充分说明样本选择性偏差没有影响本章研究结论。

四、异质性检验

(一) 行业属性差异

塑料、纺织、服装、轻工等劳动密集型行业是加工贸易转移政策在中西部地区重点鼓励的承接行业,劳动密集型行业受到政策的影响可能更大。本章进一步将样本分为劳动密集型行业(LII)和非劳动密集型行业(NLII)两个样本组,检验结果如表 6-4 第(1)和第(2)列所示。发现交叉项的估计系数在第(1)列显著为正,在第(2)列没有通过显著性检验。回归结果表明,加工贸易转移政策主要提高了劳动密集型行业样本组中加工贸易企业的利润率,这与优先引导劳动密集行业转移的政策导向相符合。

表 6-4　　　　　　　　　异质性检验

变量	(1) LII	(2) NLII	(3) 东部	(4) 中西部	(5) 民营企业	(6) 国有企业	(7) 外资企业
$TREAT \times Post$	0.076*** (0.022)	-0.022 (0.056)	-0.059 (0.058)	0.043* (0.025)	0.130*** (0.045)	0.055 (0.072)	-0.004 (0.027)
样本量	14178	5829	17636	3021	11199	1671	5904
R^2	0.786	0.837	0.797	0.807	0.836	0.927	0.881

(二) 区域差异

我国各个地区的经济发展水平存在差异,东部地区由于交通更为便利、距离沿海的港口更近、人口比较密集等率先发展起来。因此,中西部等相对落后地区成为加工贸易转移政策的重点实施地区。鉴于区域差异性,本章将东部地区作为一组,中西部地区作为另一组,分组检验结果如表 6-4 第(3)和第(4)列所示。发现交叉项的估计系数在第（4）列显著为正，在第（3）列没有通过显著性检验。这说明加工贸易转移政策显著提高了中西部地区加工贸易企业的利润率，这与加工贸易转移政策重点扶持相对落后地区的导向一致。

（三）所有制形式差异

加工贸易企业中半数以上是民营企业，国有企业普遍面临中央和地方政府的"隐性担保"。而且，国有企业抵押品丰富和信贷记录完善，相较于民营企业更容易获得银行信贷。外资企业可以从国际合作商获取外部融资，外部融资能力较强。比较来看，民营企业可用于抵押贷款的资产较少，普遍面临融资约束问题。鉴于承接地区给加工贸易企业提供银行贷款支持的优惠措施，因而民营企业受到银行贷款支持的边际效用可能更大。因此，本章根据企业的所有制形式将全样本划分为民营企业、国有企业和外资企业3个样本组，检验结果如表6-4第（5）至第（7）列所示。结果显示，$TREAT \times Post$的估计系数在第（5）列显著为正，在第（6）和第（7）列没有通过显著性检验。因此，加工贸易转移政策主要提高了民营企业的利润率，对国有企业和外资企业的影响不大。

第四节 作用机制检验

一、企业平均利润率提升的机制检验

（一）银行贷款支持的作用

加工贸易转移政策的一个重要措施是银行贷款支持措施。如果企业通过银行获得更多的贷款，那么企业所面临的外源融资约束程

度也将减小。Li 和 Yu（2009）认为，企业面临的外源融资成本越低，越容易从外部进行借贷，利息支出随之增多。同时，考虑到企业借贷能力还受到企业自身规模因素的制约，为了剔除企业规模不同导致外部融资能力差异，借鉴毛其淋（2020）的做法，使用企业利息支出除以固定资产的利息支出比（fincons）衡量企业的融资约束程度，该数值越大，则说明企业外源融资约束特别是信贷约束越小。对全部样本的检验结果如表 6-5 第（1）列所示，可以发现，交叉项的估计系数不显著，说明加工贸易转移政策缓解全部企业融资约束程度的作用并不明显。但需要思考的是，承接地区企业本身获取外源融资能力的异质性，对于本身融资约束程度较高的企业，其可获取融资来源本身较少，在获取银行贷款后可以有效缓解融资约束对企业生产和出口的抑制作用。因此，本章需要首先识别哪些企业是真正的高（低）融资约束企业。

表 6-5　银行贷款支持和完善基础设施对企业利润率的影响

变量	（1）	（2）	（3）	（4）	（5）	（6）	（7）	（8）
	全样本	LFC	HFC	LFC	HFC	全样本	低密度	高密度
	fincons	fincons	fincons	profitrate	profitrate	Rnd	profitrate	profitrate
$TREAT \times Post$	0.014 (0.010)	-0.002 (0.011)	0.033* (0.017)	-0.004 (0.023)	0.079*** (0.027)	0.054*** (0.010)	0.020 (0.028)	0.055** (0.027)
样本量	20576	10295	9723	10320	9779	2837	10566	9457
R^2	0.792	0.769	0.833	0.818	0.806	0.915	0.797	0.814

目前大多数衡量企业融资约束程度的指标依赖于具有内生性的财务变量，而非直接与融资约束产生关联，以致研究结论可能存在偏误。为了避免偏误，Hadlock 和 Pierce（2010）仅使用企业规模（Size）和企业年龄（Age）两个随时间变化不大且具有很强外生性

的变量构建 SA 指数，$SA = -0.737 \times Size + 0.043 \times Size^2 - 0.040 \times Age$。其中，企业规模（$Size$）用企业总资产取自然对数衡量，企业年龄（$Age$）用实际存在年限衡量。$SA$ 指数为负值，数值越小则融资约束越低。本章按照每年实验组和对照组企业融资约束程度（SA）的中位数进行分组，分为低融资约束企业（LFC）和高融资约束企业（HFC）两组。

首先，我们分组检验加工贸易转移政策对利息支出比的影响，回归结果如表6-5第（2）和第（3）列所示。可以发现，交叉项的估计系数仅在第（3）列显著为正，表明加工贸易转移政策主要提升了高融资约束企业的利息支出比，进而缓解了其融资约束程度。其次，分组检验加工贸易转移政策对企业利润率的影响，检验结果如表6-5第（4）和第（5）列所示。容易发现，交叉项的估计系数在表6-5第（5）列显著为正，在第（4）列没有通过显著性检验。说明加工贸易转移政策显著提高了高融资约束企业的利润率。可以推断，加工贸易转移政策降低了高融资约束企业的融资约束程度，并且有助于提升高融资约束企业的利润率。

（二）完善基础设施的作用

加工贸易转移政策的另一个重要措施是承接地区试点城市政府需要完善当地的基础设施及功能配套设施。发达的基础设施可以降低企业的运输成本，吸引相关企业在当地产业集聚。由于距离海港较远，交通成本是制约中西等偏远地区发展加工贸易的重要因素。因此，具有代表性的基础设施是交通基础设施，交通基础设施的发达程度可以改变地区的社会经济发展潜力和区位优势。借鉴孙晓华等（2018）的做法，使用城市的铁路、公路和内河航道总里程除以地区面积构建路网密度指标（Rnd），数值越大则代表交通基础设施发展程度越高。首先,使用城市层面面板数据检验加工贸易转移政策对城市路网密度的影响,在计量模型中控制城市固定效应、年份固定效应和城市的时间趋势,检验结果如表6-5第(6)列所示。可见交叉项的估计系数显著为正,说明加工贸易转移政策显著提高了承接地区试点城市的路网密度,完善了当地的交通基础设施建设水平。其次,我们需要比较基础设施水平差异对加工贸易转移政策经济效应的异质性影响。按照承接地区与其他地区试点城市路网密度(Rnd)数值的中位数进行分组,具体划分为低路网密度和高路网密度两个样本组,分组检验结果如表6-5第(7)和第(8)列所示。可见交叉项的估计系数为正,但仅在第(8)列通过显著性检验,且第(8)列系数值(0.055)远大于第(7)列(0.020),说明加工贸易转移政策对高基础设施发展程度的承接地区企业利润率的提升幅度更高更明显。同时,综合第(6)列的结果可以推断,随着加工贸易转移政策不断完善承接地区的交通等基础设施,地区基础设施发展程度越高,加工贸易转移政策对该地区企业利润率的提升作用越强。

二、加工贸易政策对企业利润率的边际影响

(一)"∩"形变化趋势

本章进一步检验加工贸易转移政策对承接地区加工贸易企业利润率的边际影响。借鉴李树和陈刚(2013)的方法,设置计量模型如公式(6-3)所示。在公式(6-1)中,交叉项 $TREAT \times Post$ 捕捉了加工贸易转移政策在实施后相较于实施前对企业利润率的平均影响。在公式(6-3)中,三重交叉项 $TREAT \times Post \times Year$ 将上述影响在时期层面进行了分解,表示加工贸易转移政策分别在

2007—2013年的各年份相较于政策实施前影响企业利润率的边际效应。例如，在第 t 年，加工贸易转移政策对企业利润率的边际影响是 λ_t，我们需要观察 λ_t 的变化趋势。基于公式（6-3）的回归结果如表6-6所示，可见 $TREAT \times Post \times Year$ 的估计系数在2007年没有通过显著性检验，说明加工贸易转移政策对企业利润率的影响存在一定的时滞。$TREAT \times Post \times Year$ 的估计系数在2008—2011年显著为正，但在2012—2013年没有通过显著性检验，说明加工贸易转移政策对企业利润率的长期正向影响不能持续。为了观察加工贸易转移政策对企业利润率的边际影响，我们将 λ_t 的数值绘制在图6-3（a）中。图6-3（a）显示，λ_t 的数值呈现先上升后下降的"∩"形变化趋势。说明加工贸易转移政策对承接地区加工贸易企业利润率不能带来长期的提升作用，其边际影响呈现"∩"形特征。

$$Profitrate_{jct} = b_0 + \sum_{t=2007}^{2013} \lambda_t \times TREAT_c \times Post_t \times Year_t \\ + b_2 \times X_{jct} + a_j + a_t + a_j \times T + x_{jct} \quad (6-3)$$

表6-6 加工贸易转移政策对企业利润率的边际影响

变量	估计系数	标准差	t 值	显著性
$TREAT \times Post \times Year\_2007$	-0.413	1.078	-0.383	
$TREAT \times Post \times Year\_2008$	-0.056	0.034	-1.654	*
$TREAT \times Post \times Year\_2009$	0.073	0.033	2.225	**
$TREAT \times Post \times Year\_2010$	0.432	0.102	4.243	***
$TREAT \times Post \times Year\_2011$	0.057	0.029	1.975	**
$TREAT \times Post \times Year\_2012$	0.013	0.008	1.603	
$TREAT \times Post \times Year\_2013$	-0.213	0.452	-0.471	
样本量	20657			
R^2	0.7985			

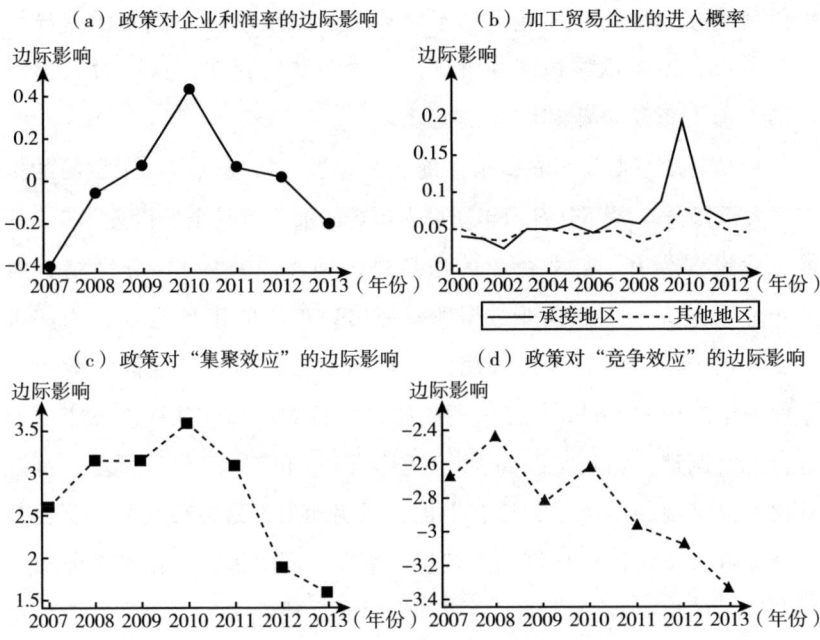

图 6-3 加工贸易转移政策的边际影响和市场进入

（二）市场进入

从理论分析部分可知，加工贸易转移政策的优惠措施可以降低企业生产成本，进而促进承接地区出口企业（或内销企业）积极在（或进入）出口市场参与加工贸易业务。观察加工贸易企业的市场进入行为，分别计算出承接地区和其他地区加工贸易企业进入出口市场的概率，并且将数值绘制在图 6-3（b）中。图 6-3（b）显示，承接地区与其他地区加工贸易企业的市场进入概率在 2006 年以前的变化趋势差异不大。在 2007 年以后，承接地区加工贸易企业的市场进入概率相比其他地区出现明显提升，初步说明加工贸易转移政策促进了承接地区加工贸易企业的市场进入。但是，2011

年以后承接地区与其他地区加工贸易企业的市场进入概率的差异性逐步缩小,说明承接地区的市场进入并非持续存在,这一过程可能伴随着加工贸易企业利润率的变化。

从相对动态角度来看,承接地区企业进入市场从事加工贸易的概率将大幅提升。本部分将当年新进入市场的加工贸易企业设置为1,其他企业设置为0,定义企业的市场进入概率(enter)。分别结合海关企业数据库和工业企业数据库研究出口市场的市场进入行为和工业企业的市场进入行为。采用控制城市固定效应、行业固定效应和年份固定效应的 Probit 模型进行检验,并且对回归标准误在城市层面进行聚类调整,回归结果如表6-7第(1)和第(2)列所示。可以看出,交叉项的估计系数显著为正,说明加工贸易转移政策显著提高了企业进入出口市场从事加工贸易的概率,同时提升了内销企业从事加工贸易的出口倾向。为了做稳健性对照,我们进一步研究一般贸易企业的市场进入行为,将当年新进入的一般贸易企业设置为1,其他企业设置为0,检验结果分别如表6-7第(3)和第(4)列所示,可以发现,交叉项的估计系数在第(3)列没有通过显著性检验,在第(4)列显著为负。因此,加工贸易转移政策对企业进入出口市场从事一般贸易的概率影响不大;同时由于内销企业从事加工贸易方式出口的倾向提升,从事一般贸易方式的出口倾向反而受到挤出。

表6-7 加工贸易转移政策对市场进入的影响

变量	(1) 出口企业 enter	(2) 工业企业 enter	(3) 出口企业 enter	(4) 工业企业 enter	(5) 城市—行业层面 lnnum
TREAT × Post	0.239*** (0.076)	0.081* (0.045)	0.048 (0.030)	-0.086** (0.036)	0.126*** (0.036)

续表

变量	(1)	(2)	(3)	(4)	(5)
	出口企业	工业企业	出口企业	工业企业	城市—行业层面
	enter	enter	enter	enter	lnnum
样本量	63145	1300378	356645	1338923	9692
R^2	—				0.746

从相对静态角度来看，承接地区的加工贸易企业数量将大幅增加。我们计算出城市—行业层面的加工贸易企业数量，并且将其对数化处理，检验结果如表6-7第（5）列所示。可见交叉项的估计系数显著为正，这说明加工贸易转移政策显著地增加了承接地区加工贸易企业的数量。第（5）列控制了城市—行业固定效应和年份固定效应，回归标准误聚类到城市层面。城市—行业层面的控制变量由企业层面变量取平均值得出，本章后文同。因此，不管是从相对动态还是相对静态角度看，加工贸易转移政策都显著增强了承接地区加工贸易企业的市场进入行为。

（三）集聚效应

如本章前文分析，市场进入行为增强有利于促进承接地区的产业集聚，"集聚效应"的正向经济外部性可能在加工贸易转移政策提升企业利润率中起到促进作用。首先，本章检验"集聚效应"的作用，借鉴王永进和盛丹（2013）的做法，我们测算出试点城市的产业集聚程度（agg），数值越大则表示产业集聚程度越高。用城市层面面板数据检验加工贸易转移政策对试点城市产业集聚的影响，并且控制了城市固定效应、年份固定效应和城市的时间趋势，结果如表6-8第（1）列所示。可见交叉项的估计系数显著为正，说明加工贸易转移政策提高了试点城市的产业集聚程度。其次，本章进一步对承接地区和其他地区的城市产业集聚程度（agg）指标进行中位数分组，将样本划分为低产业集聚程度和高产业集聚程度两个样本组，分组检验结果如表 6-8 第（2）和第（3）列所示。可见交叉项的估计系数在第（3）列显著为正，在第（2）列不显著。说明地区产业集聚程度越高，加工贸易转移政策提高企业利润率的作用越大。可以推断，随着加工贸易转移政策提高承接地区试点城市的产业集聚程度，将有助于进一步提高加工贸易企业的利润率。

表 6-8　　　加工贸易转移政策的"集聚效应"

变量	(1) agg	(2) 低集聚程度 profitrate	(3) 高集聚程度 profitrate	(4) agg_td	(5) 低集聚水平 profitrate	(6) 高集聚水平 profitrate
TREAT × Post	1.857** (0.731)	0.034 (0.049)	0.055*** (0.021)	0.542* (0.323)	0.003 (0.033)	0.087** (0.035)
样本量	2837	9494	9412	20659	9438	9965
R^2	0.280	0.843	0.831	0.852	0.841	0.814

此外，一些学者将产业集聚指标测算到企业层面，借鉴 Rosenthal 和 Strange（2004）的方法采用区位熵测算企业集聚水平，该方法能够较好地反映要素在区域的分布，具体如公式（6-4）所示。agg_td 为集聚水平，在计算时需要剔除企业自身的就业人数。将区位熵测算到地级市—3 位数行业层面，并且将其对数化处理，检验如表 6-8 第（4）列所示。可以发现交叉项的估计系数显著为正，说明加工贸易转移政策显著提高了承接地区加工贸易企业的集聚水平。同时，对企业集聚水平（agg_td）按照中位数进行分组，具体分为

低集聚水平和高集聚水平两组。分组检验结果显示,交叉项的估计系数在第(6)列显著为正,在第(5)列没有通过显著性检验。说明企业集聚水平越高,加工贸易转移政策提高企业利润率的作用越大,这与使用城市产业集聚程度(agg)指标的检验结果一致。

$$agg\_td_{jict} = \frac{(L_{ict} - L_{jict})/L_{ct}}{L_{it}/L_t} \quad (6-4)$$

如本章前文理论分析部分推断,加工贸易转移政策的优惠措施在短期内吸引大量企业进入市场,进而带来"集聚效应"。但是,"政策租"带来的"集聚效应"可能并不能持续存在,进而导致对企业利润率的正向助推作用在长期内不能持续。本章基于公式(6-5)检验加工贸易转移政策对承接地区城市产业集聚程度的边际影响,检验结果如表6-9所示。可见 $TREAT \times Post \times Year$ 的估计系数仅在2008—2010年显著为正,说明加工贸易转移政策主要在政策实施前期促进了试点城市的产业集聚程度。为了观察加工贸易转移政策对试点城市产业集聚程度的边际影响,我们将 λ_t 的数值绘制在图6-3(c)中。图6-3(c)显示,λ_t 的数值同样呈现先上升后下降的"∩"形变化趋势,表明加工贸易梯度转移政策对承接地区城市产业集聚的边际影响与对企业利润率的边际影响基本一致。可以推断,"集聚效应"是加工贸易转移政策在政策实施前期提高承接地区企业利润率的重要助推因素。综合以上分析可以判断。

$$agg_{ct} = b_0 + \sum_{t=2007}^{2013} \lambda_t \times TREAT_c \times Post_t \times Year_t + b_2 \times X_{ct} \\ + a_c + a_t + a_c \times T + x_{ct} \quad (6-5)$$

表 6-9 加工贸易转移政策对试点城市产业集聚程度的边际影响

变量	估计系数	标准差	t 值	显著性
$TREAT \times Post \times Year\_2007$	2.605	1.615	1.613	
$TREAT \times Post \times Year\_2008$	3.144	0.946	3.324	***
$TREAT \times Post \times Year\_2009$	3.145	1.129	2.785	***
$TREAT \times Post \times Year\_2010$	3.583	1.998	1.793	*
$TREAT \times Post \times Year\_2011$	3.081	1.912	1.611	
$TREAT \times Post \times Year\_2012$	1.880	1.928	0.975	
$TREAT \times Post \times Year\_2013$	1.578	1.261	1.251	
样本量	2837			
R^2	0.408			

（四）竞争效应

与此同时，市场进入也将促进承接地区的市场竞争，"竞争效应"最终使承接地区市场在政策实施初期的超额利润重新回归到正常利润水平。进一步地，本章检验加工贸易转移政策带来的"竞争效应"。使用赫芬达尔—赫希曼指数（HHI 指数）衡量市场集中度，HHI 指数越小则市场的竞争程度越大。HHI 指数用行业中各企业的总资产占行业总资产百分比的平方和表示，$HHI_i = \sum_{j}(y_i^j)^2$，其中 y_i^j 表示 i 行业中 j 企业的总资产比重，并且测算到城市—2 位数行业层面，同时剔除城市—行业层面企业数量少于 3 的样本。回归结果如表 6-10 第（1）列所示，计量模型控制了城市—行业固定效应、年份固定效应和城市—行业层面的时间趋势，在城市层面对回归标准误进行调整。行业层面的控制变量由企业层面控制变量求均值得出，并且计算到城市—行业层面。可见交叉项的估计系数显著为负，说明加工贸易转移政策显著提高了承接地区城市—行业层面的市场竞争程度。

表 6–10　加工贸易转移政策的"竞争效应"

变量	(1) HHI	(2) 高竞争程度 profitrate	(3) 低竞争程度 profitrate	(4) CR	(5) 高竞争程度 profitrate	(6) 低竞争程度 profitrate
TREAT × Post	−0.095*** (0.035)	−0.011 (0.067)	0.073** (0.035)	−0.203** (0.089)	0.023 (0.037)	0.132*** (0.024)
样本量	1872	5799	5296	1872	5719	5288
R^2	0.651	0.784	0.863	0.519	0.794	0.847

本章按照每年实验组和对照组 HHI 指数的中位数进行分组，具体分为高竞争程度和低竞争程度两组，分组检验加工贸易转移政策对企业利润率的影响，如表 6–10 第（2）和第（3）列所示。可以发现，交叉项的估计系数在第（3）列显著为正，在第（2）列没有通过显著性检验。回归结果表明，市场竞争程度越低，加工贸易转移政策对企业利润率的提升作用越强。可以推断在加工贸易转移政策影响下，随着市场竞争程度得到进一步增强，最终导致市场的超额利润重新回归到正常利润水平。

进一步地，构建市场集中度（CR）指数反向衡量市场竞争程度，具体用城市—行业层面前两大企业资产份额之和衡量。同样，我们将该指标计算到城市—2 位数行业层面，同时剔除城市—行业层面企业数量少于 3 的样本。我们在计量模型控制了城市—行业固定效应和年份固定效应，在城市层面对回归标准误进行调整，检验结果如表 6–10 第（4）列所示。容易发现，交叉项的估计系数显著为负，与第（1）列的结果一致。本章进一步对 CR 进行中位数分组，检验结果如表 6–10 第（5）和第（6）列所示，可以看出，交叉项的估计系数为正，但仅在第（6）列通过显著性检验。这说明加工贸易转移政策主要提升低竞争程度市场中企业的利润率，这一检验结果与使用 HHI 指数的检验结果一致。

根据本章前文理论分析推断，长期存在的"竞争效应"将使承接地区在政策实施初期存在的超额利润重新回归正常利润。本章基于公式（6-6）检验加工贸易转移政策对承接地区城市市场竞争程度的边际影响，估计结果如表 6-11 所示。可见 $TREAT \times Post \times Year$ 的估计系数在 2007—2013 年全部显著为负数，说明在考察期内加工贸易转移政策带来的"竞争效应"持续存在。为了观察加工贸易转移政策对承接地区市场竞争程度的边际影响，我们将 λ_t 的数值绘制在图 6-3（d）中。图 6-3（d）显示，λ_t 在 0 值以下呈现波动向下的变化趋势，表明承接地区的市场竞争程度整体上逐年增大。可以推断，随着加工贸易转移政策在政策实施初期的"集聚效应"逐步消失，"竞争效应"逐步成为主导，长期内"竞争效应"对企业利润率的负向作用将抵消甚至超过"集聚效应"带来的正向作用。因此，"竞争效应"是加工贸易转移政策在长期内抑制承接地区企业利润率提升的重要助推因素。

$$HHI_{ict} = b_0 + \sum_{t=2007}^{2013} \lambda_t \times TREAT_c \times Post_t \times Year_t \\ + b_2 \times X_{ict} + a_{ic} + a_t + a_{ic} \times T + x_{ict} \quad (6-6)$$

表 6-11　加工贸易转移政策对试点城市产业集聚程度的边际影响

变量	估计系数	标准差	t 值	显著性
TREAT × Post × Year_2007	-2.721	1.373	-1.982	**
TREAT × Post × Year_2008	-2.486	0.773	-3.215	***
TREAT × Post × Year_2009	-2.861	1.059	-2.702	**

续表

变量	估计系数	标准差	t 值	显著性
$TREAT \times Post \times Year\_2010$	-2.657	1.467	-1.811	*
$TREAT \times Post \times Year\_2011$	-2.997	0.711	-4.213	***
$TREAT \times Post \times Year\_2012$	-3.096	0.994	-3.116	***
$TREAT \times Post \times Year\_2013$	-3.355	1.091	-3.076	***
样本量	1872			
R^2	0.651			

综合而言,加工贸易转移政策对承接地区企业利润率的边际影响既存在正向作用,主要体现为"集聚效应"带来的正向经济外部性,也存在看似负面的"竞争效应",上述作用共同导致了"∩"形特征。在加工贸易转移政策实施的初期,"集聚效应"的正向作用大于"竞争效应"的负向作用,导致了"∩"形特征的前半段。但是,"集聚效应"持续期非常短暂,随着"集聚效应"逐步消失,长期的"竞争效应"逐步占据上风,最终导致了"∩"形特征的后半段。

第五节 本章总结

为深化供给侧结构性改革和调整生产要素在区域间的优化配置,我国于2007年以后实施了加工贸易转移政策。本章以商务部等部门联合发布加工贸易承接地区城市名单作为研究案例,采用多期双重差分法系统研究了加工贸易转移政策对加工贸易企业利润率的影响和作用机制。本章主要发现,加工贸易转移政策显著提高了承接地区加工贸易企业的利润率,但其提升作用呈现先上升后下降的"∩"形特征。异质性检验发现,加工贸易转移政策主要提高了劳动密集型行业、中西部地区和民营企业样本组中加工贸易企业的利润率。作用机制检验发现:一方面,银行贷款支持带来的融资约束下降,以及地方完善交通等基础设施,是加工贸易转移政策提升承接地区企业平均利润率的作用机制;另一方面,加工贸易转移政策显著促进了承接地区加工贸易企业的市场进入,市场进入同时带来了对企业利润率呈现正反两方面作用的"集聚效应"和"竞争效应"。"集聚效应"的正向经济外部性是导致企业利润率呈现"∩"形特征前半段的助推因素,"竞争效应"对企业利润率的负向作用是导致"∩"形特征后半段的助推因素。

第七章　推动中国加工贸易持续高质量发展的政策建议

第一节　关于加工贸易转型升级的政策建议

一、国内附加值率视角

第一,进一步推进加工贸易转型升级。从政策评估结果来看,加工贸易转型升级战略的政策效力与目标一致,微观层面上企业需要承受成本但是最终提高了企业出口的国内附加值率。面临政策影响下的市场调节机制,更多的低国内附加值率的外资企业退出市场,可以看作市场选择效应的淘汰机制,更高比例的低国内附加值率的加工贸易外资企业发生贸易方式变化,可以看作一种学习效应。最终从优化角度看,政策冲击实现了加工贸易企业间的资源优化和产业结构优化,综合来看,加工贸易转型升级战略起到了积极的作用。我们认为,加工贸易转型升级战略是一种良好的顶层设计,国家在政策设定之初应设定合理的目标,并且应当予以坚持。尽管从宏观层面看可能没有显著的变化,但从长远来看,合适的国家政策可以逐步实现设计之初的目标。企业发展的一定阶段,自发升级是其自然面对的问题,但是在目前经济环境中,中国企业的特点普遍处于国际分工体系的低端,较少企业能够掌握核心技术。已有研究也表明,国家政策或者产业政策对发展中国家企业的转型升级可以起到积极作用,因此加工贸易转型升级战略的出台具有重要的现实意义。

第二,国际贸易的内外部环境变化倒逼转型升级。从外部来看,我国技术的短板很可能使中国经济增长受制于人,在面对国际环境的不确定时处于被动局面。面对越来越复杂的外部经贸环境,更加需要重视本国的产业政策和依赖内部的经贸环境来实现产业升级。产业由低附加值向高附加值升级体现了在生产相同规格或者质量的产品情况下,国内企业可以从事更多的生产环节,使用更多的国内原材料,从而可以摆脱核心技术或者生产环节受制于人的局面,进而在谈判中获得更大的话语权。从内部来看,企业以追求利润为首要目标,自发升级困难,合适的政策可以引领企业走向更高层次的发展路径。当前中国经济面临深度调整和改革,中观层面是产业优化升级,而国家的角色不能缺失。对于像中国这样的发展中国家,出台激励企业自我升级积极性的产业政策更具有必要性。

第三,关注加工贸易转型升级战略的异质性影响。尽管政策对于中西部地区和民营企业具有扶持倾向,但是加工贸易转型升级战略对其国内附加值的提升作用并不明显,这说明欠发达地区和民营企业对国家政策的吸收能力相对较弱。因此,不但需要政策的目标导向,更加需要重视政策的作用对象。本书认为,可以通过政策引导激发民营企业自我升级的动力,进而达到政策引导为辅、企业自发升级为主的良性局面。积极的产业政策和发挥企业自我升级的能动性将能更好地促进产业结构的优化和升级。此外，中西部地区加工贸易转型升级战略效果并不显著，原因可能在于东部地区较低国内附加值率的企业可能面临着跨区域转移，以及中西部地区的本地企业主动升级意愿和动力不强。因此，要想实现区域间企业出口国内附加值率都实现提高，更应该引导中西部企业提高国内附加值率。本书认为，产业政策的设计应当因地制宜，中西部地区不但要实现对东部地区转移企业的承接，也需要关注加工贸易转型升级战略的影响，通过政策的微观机制和市场调节机制来提升企业自身升级的意愿，不断提高中西部地区企业出口的国内附加值率。

二、企业出口量视角

第一，加工贸易企业出口量下降需要引起注意。加工贸易企业平均出口量的下降是加工贸易转型升级战略影响下市场机制调整的结果。已有研究表明，合适、有效的产业政策能够弥补市场缺陷，引导产业发展方向，推动产业结构优化升级。在没有加工贸易转型升级战略的干扰下，企业的最终目标是追求利润最大化。一方面，加工贸易企业容易向低附加值、高耗能、高污染产业方向发展，导致增长质量和效益低下，进而需国家出台相应的产业政策进行调整、规范和引导。另一方面，企业自发转型升级过程中难免会遇到资金、技术和政策限制等方面的"瓶颈"问题。因此，国家有必要实行合适、有效的产业政策为加工贸易转型升级提供指引和激励，以转变外贸发展方式，优化贸易结构，提高我国整个产业体系在全球产业链上的分工地位。但是，产业政策可能达到其既定目标，同时也可能带来负向的政策效应。

第二，企业动态反映了资源配置过程。加工贸易转型升级战略使加工贸易企业进入和退出市场的概率增大，不符合政策要求的加工贸易企业将被淘汰出市场，这在本书主要通过加工贸易企业平均出口量的下降体现出来。除此之外，加工贸易企业为适应加工贸易转型升级战略和市场的要求不得不通过学习效应进行调整生产模式甚至转变贸易方式，从而推动了加工贸易的转型升级。但是中介效应模型的检验结果表明，我国加工贸易转型升级战略在微观层面仍存在一定的不足之处，其对加工贸易企业生产效率的抑制作用不容忽视。因此，在实施加工贸易转型升级战略时，不能忽略对加工贸易企业资源配置的影响。例如，鼓励加工贸易企业加大自主研发和技术创新，以引领加工贸易向更有效率、更高质量的方向发展。

三、资源配置效率视角

第一，产业政策需要以生产效率为导向。一般来讲，产业政策可能达到其政策目标，但是也可能增大受规制企业的调整成本和运营成本。从本书结论来看，加工贸易转型升级战略有利于促进贸易结构和经营主体结构的优化，但是短期内造成了生产效率或者资源配置效率的下降，进而导致了资源的错配。因此，本书建议在产业政策实施的同时，应当尽量避免政策的负向"挤出效应"，甚至应当考虑企业的承受能力，并且给予受规制企业一定的预期来及时应对调整，比如，可以给予受规制企业相应的补贴来降低政策的挤出成本，比如专项的创新补贴等。

第二，重视加工贸易转型升级战略目标是否实现。从本书实证结果来看，加工贸易转型升级战略在中西部地区、民营和国有企业样本组的政策效应不存在显著的负向影响,这与政策要求促进加工贸易向中西部地区转移和经营主体结构优化的基本目标一致,但是正向的政策效应并没有显著地体现出来。因此,本书建议依然需要推动加工贸易向中西部地区转移的目标落到实处,加大对民营企业的培育力度。由于企业自身升级的动力和能力可能存在不足,中西部和民营企业受到政策的挤出效应相对更小,同时企业自身升级能力有限也制约了正向政策效应的发挥,因此,良好的政策设计应当激励企业主动升级意愿,提高企业对政策效应的吸收能力。此外,本书也从企业动态角度发现了加工贸易转型升级战略提升企业生产率的积极因素,因而进一步优化企业经营主体结构具有必要性。

第二节 关于加工贸易梯度转移的政策建议

一、企业出口视角

第一,进一步引导加工贸易等劳动密集型产业向中西部、东北地区转移。新时期,东部发达地区亟须产业转型升级和面对高质量发展要求,在此过程中必然淘汰一些过剩产业,其中典型的代表是加工贸易等劳动密集型产业。基于行业生命周期理论,产业发展大致包括幼稚期、成长期、成熟期、衰退期四个阶段,由于各个地区的发展阶段不同,东部发达地区相对落后的产业对于中西部、东北地区而言可能并非落后产业,从而引起产业的跨区域转移。本书发现,加工贸易转移政策显著提升了中西部、东北等承接地区的出口增长,从而带动了欠发达地区出口贸易。这意味着,我国推动产业跨区域转移不仅符合经济发展规律，也可以为欠发达地区带来经济增长点，进而贯通区域协调发展。现阶段，贯通区域协调发展的一个重要途径是通过国家战略引导产业的跨区域转移以调节资源和要素的空间布局。同时，本书也发现，加工贸易转移政策可以通过空间溢出效应带动欠发达地区邻近城市加工贸易出口，从而有助于促进欠发达地区内部城市间的协调发展。因此，应当进一步通过政策引导扩大加工贸易转移承接地在欠发达地区的试点范围，引导加工贸易转移政策全面落地，促进欠发达地区全域发展。

第二，认识加工贸易梯度转移的现实模式。本书着重讨论了加工贸易转移的模式，发现在位企业出口扩张而非新企业进入是承接地区出口增长的主要路径，说明在位企业承接了更多的加工贸易转移订单。这意味着，政策导向下的加工贸易转移模式主要来自加工贸易的"订单转移"模式，而非"企业转移"模式，这与一般认知的企业转移逻辑不同。因此，承接地区政府需要认识到加工贸易梯度转移的现实模式，除了招商引资之外，更需要认识到本地企业可以承接加工贸易转移订单的事实，鼓励本地企业积极升级生产设备以应对产业转移的发展需要。此外，承接地区政府应当为本地企业与国外企业、外地企业搭建合作的沟通桥梁，如定期举办商品展销会、经贸论坛等，通过吸收、引进国外和我国东部地区先进技术来促进欠发达地区制造业发展和经济增长。

第三，关注加工贸易转移政策影响效力的异质性。本书发现，承接地区大规模在位企业获得了更多的加工贸易转移订单，小规模企业在订单竞争中处于劣势，从而可能造成企业间发展的不平衡。但是，小规模企业是市场经济的"蓄水池"，对于促进就业、推动经济增长和提升市场活力发挥了重要作用。因此，承接地区政府应当鼓励和支持小规模企业结合自身发展优势积极承接加工贸易订单，解决小规模企业的发展困境，助力小规模企业快速成长。例如，小规模企业经常面对融资难问题，尽管加工贸易转移政策给予优惠贷款措施，但是小规模企业可能不易于获得贷款。承接地区政府可以优化金融服务，引导当地银行降低对小规模企业融资贷款的门槛。同时，承接地区政府也可以根据现实情况给予小规模企业财政补贴或减税等政策支持，变相降低小规模企业融资约束问题。

二、企业利润率视角

第一，实施加工贸易等产业转移的过程中应当重点关注企业的融资约束问题。当前我国的中小微型企业和民营企业依然面临融资难问题，在产业政策实施过程中配套银行贷款支持和降低贷款利率等优惠措施可以有效降低企业的融资约束程度，进而有助于产业政策目标的实现。因此，对于加工贸易转移政策的修订以及其他产业政策的制定，应该着重考虑企业融资难问题，给予中小微型企业和民营企业更多的融资扶持，帮助企业顺利转型。

第二，完善落后地区的基础设施，引导经济相对落后地区的地方政府转变管理职能。经济落后地区政府应当积极配合区域协调发展政策和区域振兴政策，完善当地基础设施，引导企业入驻本地工业园区。促进相关产业的集群发展，推动产业上下游和企业间的协同发展，充分发挥产业集聚带来的低成本优势和知识溢出效应等正向经济外部性。

第三，促进产业政策与市场机制的有机结合，充分发挥市场经济活力。加工贸易转移政策对企业利润率的正向作用属于短期行为，与"政策租"密切相关。长期内市场调节的主导作用将重新回归，地方政府需要将短期的政策激励与长期的市场调节进行有效结合。在本书中，市场竞争并不意味着国内产业转移的"低端锁定"，反而可以将产业政策的触发因素与市场经济的长效机制进行有机结合。因此，经济相对落后地区的地方政府需要破除地区间和行业间的市场分割，积极筑巢引凤和不断吸纳人才回流，推动要素的自由流动和充分竞争。

参考文献

一、中文部分

[1] 卜国琴、刘德学：《中国服装加工贸易升级研究——基于全球服装生产网络视角》，《国际贸易》，2006年第11期。

[2] 蔡昉、王德文、曲玥：《中国产业升级的大国雁阵模型分析》，《经济研究》，2009年第9期。

[3] 陈松、刘海云：《人口红利、城镇化与我国出口贸易的发展》，《国际贸易问题》，2013年第6期。

[4] 陈陶然、谭之博、张慧慧：《出口变动、产业特性与失业——基于中国微观数据的实证研究》，《国际贸易问题》，2018年第2期。

[5] 陈蔚、马骏驰：《金融加速器机制下的资产泡沫与经济波动——以次贷危机前后的中国为例》，《经济经纬》，2017年第1期。

[6] 陈钊、熊瑞祥：《比较优势与产业政策效果——来自出口加工区准实验的证据》，《管理世界》，2015年第8期。

[7] 崔晓敏、余淼杰、袁东：《最低工资和出口的国内附加值：来自中国企业的证据》，《世界经济》，2018年第12期。

[8] 戴觅、余淼杰、Madhura Maitra：《中国出口企业生产率之谜：加工贸易的作用》，经济学（季刊），2014年第13卷第2期。

[9] 段玉婉、杨翠红：《基于不同贸易方式生产异质性的中国地区出口增加值分解》，《世界经济》，2018年第4期。

[10] 樊纲、王小鲁、朱恒鹏：《中国市场化指数——各地区市场化相对进程2011年报告》，北京：经济科学出版社，2011年。

[11] 樊士德、沈坤荣、朱克朋：《中国制造业劳动力转移刚性与产业区际转移——基于核心—边缘模型拓展的数值模拟和经验研究》，《中国工业经济》，2015年第11期。

[12] 房慧玲：《广东"双转移"的重头戏：推动加工贸易转移——关于广东加工贸易转移研究》，《南方经济》，2010年第2期。

[13] 高翔、刘啟仁、黄建忠：《要素市场扭曲与中国企业出口国内附加值率：事实与机制》，《世界经济》，2018年第10期。

[14] 韩超、胡浩然：《清洁生产标准规制如何动态影响全要素生产率——剔除其他政策干扰的准自然实验分析》，《中国工业经济》，2015年第5期。

[15] 韩亚欣、吴非、李华民：《中国经济技术开发区转型升级之约束与突破——基于调研结果与现有理论之分析》，《经济社会体制比较》，2015年第5期。

[16] 韩永辉、黄亮雄、王贤彬：《产业政策推动地方产业结构升级了吗？——基于发展型地方政府的理论解释与实证检验》，《经济研究》，2017年第8期。

[17] 郝项超、李政：《外部冲击对我国股市暴跌的影响研究》，《南开经济研究》，2017年第6期。

[18] 胡大立、刘志虹、谌飞龙：《全球价值链分工下我国加工贸易转型升级的政策绩效评价》，《当代财经》，2018年第3期。

[19] 胡浩然：《产业政策如何影响出口企业绩效——基于出口

加工区企业样本的准自然实验》,《国际贸易问题》,2018年第12期。

[20] 胡军、陶锋、陈建林:《珠三角OEM企业持续成长的路径选择——基于全球价值链外包体系的视角》,《中国工业经济》,2005年第8期。

[21] 胡小娟、刘红英:《我国中部地区发展加工贸易的战略思考》,《经济地理》,2009年第2期。

[22] 黄波、孙力军:《中国宏观波动"大缓和"对经济增长的影响——基于"次贷危机"冲击与结构突变视角的实证研究》,《商业经济与管理》,2015年第8期。

[23] 黄健柏、陈伟刚、江飞涛:《企业进入与行业利润率——对中国钢铁产业的实证研究》,《中国工业经济》,2006年第8期。

[24] 黄玖立、吴敏、包群:《经济特区、契约制度与比较优势》,《管理世界》,2013年第11期。

[25] 黄滴江、桑百川、郭桂霞:《贸易开放、贸易市场多样化与经济波动——基于中国省级面板数据的实证分析》,《国际贸易问题》,2017年第8期。

[26] 金祥荣、胡赛:《融资约束、生产率与企业出口:基于中国企业不同贸易方式的分析》,《国际贸易问题》,2017年第2期。

[27] 鞠建东、刘政文:《产业结构调整中的有为地方政府》,《经济学报》,2017年第8期。

[28] 郎丽华、赵家章:《中国经济二次转型与防范外部冲击——中国经济增长与周期(2016)高峰论坛综述》,《经济研究》,2016年第10期。

[29] 李红权、何敏园、严定容:《国际金融风险传导的微观经济基础研究:基于公司数据角度》,《金融评论》,2017年第5期。

[30] 李宏亮、谢建国：《融资约束与企业成本加成》，《世界经济》，2018年第11期。

[31] 李虹、邹庆：《环境规制、资源禀赋与城市产业转型研究——基于资源型城市与非资源型城市的对比分析》，《经济研究》，2018年第11期。

[32] 李坤望：《中国出口将触底反弹吗》，《人民论坛》，2017年第9期。

[33] 李坤望、蒋为、宋立刚：《中国出口产品品质变动之谜：基于市场进入的微观解释》，《中国社会科学》，2014年第3期。

[34] 李坤望、蒋为：《市场进入与经济增长——以中国制造业为例的实证分析》，《经济研究》，2015年第5期。

[35] 李蕾蕾、盛丹：《地方环境立法与中国制造业的行业资源配置效率优化》，《中国工业经济》，2018年第7期。

[36] 李力行、申广军：《经济开发区、地区比较优势与产业结构调整》，《经济学（季刊）》，2015年第14卷第3期。

[37] 李树、陈刚：《环境管制与生产率增长——以APPCL2000的修订为例》，《经济研究》，2013年第1期。

[38] 李娅、伏润民：《为什么东部产业不向西部转移：基于空间经济理论的解释》，《世界经济》，2010年第8期。

[39] 林娟、张纪、周旭东：《河南省承接加工贸易转移发展现状及对策》，《中国经贸导刊》，2012年第12期。

[40] 刘灿雷、康茂楠、邱立成：《外资进入与内资企业利润率：来自中国制造业企业的证据》，《世界经济》，2018年第11期。

[41] 刘晴、徐蕾：《对加工贸易福利效应和转型升级的反思——基于异质性企业贸易理论的视角》，《经济研究》，2013年第9期。

[42] 刘友金、吕政：《梯度陷阱、升级阻滞与承接产业转移模式创新》，《经济学动态》，2012年第11期。

[43] 刘志彪、陈柳：《政策标准、路径与措施：经济转型升级的进一步思考》，《南京大学学报（哲学·人文科学·社会科学）》，2014年第5期。

[44] 鲁晓东、刘京军：《不确定性与中国出口增长》，《经济研究》，2017年第9期。

[45] 罗琦、沈煜：《国际金融危机对我国货币需求稳定性影响研究——基于ARDL模型的实证分析》，《中国物价》，2017年第9期。

[46] 马述忠、王笑笑、张洪胜：《出口贸易转型升级能否缓解人口红利下降的压力》，《世界经济》，2016年第7期。

[47] 毛其淋：《贸易政策不确定性是否影响了中国企业进口？》，《经济研究》，2020年第2期。

[48] 毛其淋、盛斌：《中国制造业企业的进入退出与生产率动态演化》，《经济研究》，2013年第4期。

[49] 毛其淋、许家云：《外资进入如何影响了本土企业出口国内附加值？》，《经济学（季刊）》，2018年第17卷第4期。

[50] 毛其淋、许家云，《贸易自由化与中国企业出口的国内附加值》，《世界经济》，2019年第1期。

[51] 聂辉华、江艇、杨汝岱：《中国工业企业数据库的使用现状和潜在问题》，《世界经济》，2012年第5期。

[52] 庞晓波、王克达：《国际金融危机潜在传染源的识别及其传染力分析》，《中国管理科学》，2018年第3期。

[53] 裴长洪：《中国贸易政策调整与出口结构变化分析：2006—

2008》,《经济研究》,2009 年第 4 期。

[54] 裴长洪、彭磊:《加工贸易转型升级:"十一五"时期我国外贸发展的重要课题》,《宏观经济研究》,2006 年第 1 期。

[55] 彭支伟、张伯伟:《中国国际分工收益的演变及其决定因素分解》,《中国工业经济》,2018 年第 6 期。

[56] 平新乔、黄昕:《不同所有制企业在各类市场中的异质性研究》,《经济纵横》,2018 年第 2 期。

[57] 尚旭东、朱守银:《农地流转补贴政策效应分析——基于挤出效应、政府创租和目标偏离视角》,《中国农村观察》,2017 年第 6 期。

[58] 施炳展、熊冶:《人员跨境流动、"软信息"与国际贸易》,《世界经济》,2023 年第 2 期。

[59] 宋凌云、王贤彬:《重点产业政策、资源重置与产业生产率》,《管理世界》,2013 年第 12 期。

[60] 苏丹妮、盛斌、邵朝对:《产业集聚与企业出口产品质量升级》,《中国工业经济》,2018 年第 11 期。

[61] 孙红梅、朱伟琪、崔百胜:《金融危机的传导效应——以欧洲金融危机为例》,《金融论坛》,2018 年第 1 期。

[62] 孙晓华、郭旭、王昀:《产业转移、要素集聚与地区经济发展》,《管理世界》,2018 年第 5 期。

[63] 孙早、席建成:《中国式产业政策的实施效果:产业升级还是短期经济增长》,《中国工业经济》,2015 年第 7 期。

[64] 田巍、余淼杰:《企业生产率和企业"走出去"对外直接投资:基于企业层面数据的实证研究》,《经济学(季刊)》,2012 年第 11 卷第 2 期。

[65] 王克敏、刘静、李晓溪：《产业政策，政府支持与公司投资效率研究》，《管理世界》，2017年第3期。

[66] 王思文、祁继鹏：《要素流动性差异与地区间产业转移粘性》，《兰州大学学报（社会科学版）》，2012年第2期。

[67] 王永进、盛丹：《地理集聚会促进企业间商业信用吗？》，《管理世界》，2013年第1期。

[68] 邬关荣：《我国服装加工贸易升级发展——基于价值链观点》，《国际贸易问题》，2007年第4期。

[69] 向宽虎、陆铭：《发展速度与质量的冲突——为什么开发区政策的区域分散倾向是不可持续的？》，《财经研究》，2015年第4期。

[70] 谢呈阳、周海波、胡汉辉：《产业转移中要素资源的空间错配与经济效率损失：基于江苏传统企业调查数据的研究》，《中国工业经济》，2014年第12期。

[71] 徐朝阳、林毅夫：《发展战略与经济增长》，《中国社会科学》，2010年第3期。

[72] 许和连、成丽红、孙天阳：《制造业投入服务化对企业出口国内增加值的提升效应——基于中国制造业微观企业的经验研究》，《中国工业经济》，2017年第10期。

[73] 颜海明、李强：《危机冲击、外部融资依赖与企业出口》，《中国经济问题》，2016年第4期。

[74] 杨东亮、李朋鹜、史庆峰：《腐败对中国经济发展的抑制效应研究——基于面板分位数回归模型的实证检验》，《数量经济研究》，2019年第2期。

[75] 杨玲丽、万陆：《关系制约产业转移吗？——"关系嵌入—

信任—转移意愿"的影响研究》,《管理世界》,2017年第7期。

[76] 叶五一、李飞、缪柏其:《基于局部相关系数的美国次贷危机传染分析》,《数理统计与管理》,2016年第3期。

[77] 余淼杰、崔晓敏:《人民币汇率和加工出口的国内附加值:理论及实证研究》,《经济学(季刊)》,2018年第17卷第3期。

[78] 余淼杰、袁东:《贸易自由化、加工贸易与成本加成——来自我国制造业企业的证据》,《管理世界》,2016年第9期。

[79] 张杰、陈志远、刘元春:《中国出口国内附加值的测算与变化机制》,《经济研究》,2013年第10期。

[80] 张杰、黄泰岩、芦哲:《中国企业利润来源与差异的决定机制研究》,《中国工业经济》,2011年第1期。

[81] 张艳磊:《次贷危机、出口冲击与内部治理机制设计》,《经济学(季刊)》,2018年第17卷第1期。

[82] 张燕生:《我国加工贸易未来转型升级的方向》,《宏观经济研究》,2004年第2期。

[83] 章韬、戚人杰:《集聚-出口双促进政策的溢出效应——来自出口加工区的微观企业证据》,《国际贸易问题》,2017年第3期。

[84] 赵瑞丽、尹翔硕、孙楚仁:《大城市的低加成率之谜:集聚效应和竞争效应》,《世界经济》,2019年第4期。

[85] 赵晓晨:《加工贸易转型升级效果评价》,《当代财经》,2011年第9期。

[86] 诸竹君、黄先海、余骁:《进口中间品质量、自主创新与企业出口国内增加值率》,《中国工业经济》,2018年第8期。

二、英文部分

[1] Acemoglu, D. , Akcigit, U. , Alp, H. , Bloom, N. , and Kerr, W. (2018). Innovation, reallocation, and growth. American Economic Review, 108 (11): 3450 – 3491.

[2] Aghion, Philippe, Dewatripont, Mathias, Du, Luosha, Harrison, Ann E. , and Legros, Patrick. (2015). Industrial policy and competition. Cepr Discussion Papers, 7.

[3] Ahmed, H. , and Miller, S. (2000). Crowding‑ut and crowding‑n effects of the components of government expenditure. Contemporary Economic Policy, 18.

[4] Ahn, J. , Khandelwal, A. K. , and Wei, S. J. (2011). The role of intermediaries in facilitating trade. Journal of International Economics, 84 (1): 73 – 85.

[5] Alice H. Amsden. (1992). Asia's next giant: south korea and late industrialization. Oup Catalogue, 69 (2).

[6] Aloui R, Aïssa M S B, Nguyen D K. (2011). Global financial crisis, extreme interdependences, and contagion effects: The role of economic structure?. Journal of Banking and Finance, 35 (1): 130 – 141.

[7] Ambec, S. , Cohen, M. A. , Elgie, S. , and Lanoie, P. (2013). The porter hypothesis at 20: can environmental regulation enhance innovation and competitiveness?. Review of environmental economics and policy, 7 (1): 2 – 22.

[8] Ando M, Kimura F. (2012). How did the Japanese exports

respond to two crises in the international production networks? The global financial crisis and the great east Japan earthquake. Asian Economic Journal, 26 (3): 261 - 287.

[9] Anne, O., Krueger, Baran, and Tuncer. (1982). An empirical test of the infant industry argument. American Economic Review.

[10] Balasubramanian, N., and Sivadasan, J. (2009). Capital resalarility, productivity dispersion, and market structure. Review of Economics and Stats, 91 (3): 547 - 557.

[11] Baldwin R. (1992). High - Technology Exports and Strategic Trade Policy in Developing Countries: The Case of Brazilian Aircraft. Trade Policy, Industrialization and D, 8.

[12] Beason R, Weinstein D E. (1996). Growth, economies of scale, and targeting in japan (1955 - 1990). Review of Economics and Statistics.

[13] Beck, T., Levine, R., and Levkov, A. (2010). Big bad banks? The winners and losers from bank deregulation in the United States. The journal of finance, 65 (5): 1637 - 1667.

[14] Bernard, A. B., Redding, S. J., and Schott, P. K. (2010). Multiple - product firms and product switching. American economic review, 100 (1): 70 - 97.

[15] Bin, X., and Jiangyong, L. U. (2009). Foreign direct investment, processing trade, and the sophistication of China's exports. China Economic Review, 20 (3): 425 - 439.

[16] Blonigen, B. A. (2016). Industrial policy and downstream export performance. Economic Journal, 126 (595): 1635 - 1659.

[17] Brandt, L., Biesebroeck, J. V., and Zhang, Y. (2012). Creative accounting or creative destruction? firm - level productivity growth in chinese manufacturing. journal of development economics, 97 (2): 0 -351.

[18] Brandt, L. and Thun, E. (2016). Constructing a Ladder for Growth: Policy, Markets, and Industrial Upgrading in China. World Development, 80 (4): pp. 78 -95.

[19] Cadot, O., Iacovone, L., Pierola, M. D., and Rauch, F. (2013). Success and failure of African exporters. Journal of Development Economics, 101, 284 -296.

[20] Chan K W. (2010). The global financial crisis and migrant workers in China: "There is no future as a labourer; returning to the village has no meaning". International Journal of Urban and Regional Research, 34 (3): 659 -677.

[21] Chen Z, Poncet S, Xiong R. (2016). Inter - industry relatedness and industrial - policy efficiency: Evidence from China's export processing zones. Journal of Comparative Economics.

[22] Chen, Z., Poncet, S., and Xiong, R. (2020). Local financial development and constraints on domestic private - firm exports: Evidence from city commercial banks in China. Journal of Comparative Economics, 48 (1): 56 -75.

[23] Chen, X.; Cheng, L. K. and Fung, K. C. et al. (2012). Domestic Value Added and Employment Generated by Chinese Exports: A Quantitative Estimation. China Economic Review, 23 (4): pp. 850 -864.

[24] Cheong, T. S., and Wu, Y. (2014). The impacts of

structural transformation and industrial upgrading on regional inequality in china. China Economic Review, 31: 339 - 350.

[25] Chor, D., and Manova, K. (2012). Off the cliff and back? credit conditions and international trade during the global financial crisis. Journal of International Economics, 87 (1): pp. 117 - 133.

[26] Dietzenbacher, E., Pei, J., and Yang, C. (2012). Trade, production fragmentation, and china's carbon dioxide emissions. Journal of Environmental Economics and Management, 64 (1): 88 - 101.

[27] Dunne, T., Klimek, S. D., Roberts, M. J., and Xu, D. Y. (2013). Entry, exit, and the determinants of market structure. The RAND Journal of Economics, 44 (3): 462 - 487.

[28] efferson, G. H., Tanaka, S., and Yin, W. (2013). Environmental regulation and industrial performance: evidence from unexpected externalities in china. Social ence Electronic Publishing.

[29] Ellison, G., and Glaeser, E. L. (1999). The geographic concentration of industry: does natural advantage explain agglomeration?. American Economic Review, 89 (2): 311 - 316.

[30] Fernandes, A. M. (2007). Trade policy, trade volumes and plant - level productivity in Colombian manufacturing industries. Journal of international economics, 71 (1): 52 - 71.

[31] Fidrmuc J, Korhonen I. (2010). The impact of the global financial crisis on business cycles in Asian emerging economies. Journal of Asian Economics, 21 (3): 293 - 303.

[32] Gereffi G. (2008). Development models and industrial up-

grading in China and Mexico [J]. European Sociological Review, 25 (1): 37-51.

[33] Greenaway, D., and Kneller, R. (2007). Firm heterogeneity, exporting and foreign direct investment. The Economic Journal, 117 (517): F134-F161.

[34] Greenstone, M., List, J. A., and Syverson, C. (2012). The effects of environmental regulation on the competitiveness of u. s. manufacturing. NBER Working Papers, 93 (2): 431-435.

[35] Hadlock, C. J., and Pierce, J. R. (2010). New evidence on measuring financial constraints: Moving beyond the KZ index. The review of financial studies, 23 (5): 1909-1940.

[36] Hamad, M. M., Mtengwa, B. A., and Babiker, S. A. (2014). The impact of trade liberalization on economic growth in Tanzania. International Journal of Academic Research in Business and Social Sciences, 4 (5): 514.

[37] Helleiner, E. (2011). Understanding the 2007-2008 global financial crisis: lessons for scholars of international political economy. Annual Review of Political Science, 14 (1).

[38] Hering L, Poncet S. (2014). Environmental policy and exports: Evidence from Chinese cities. Journal of Environmental Economics and Management, 68 (2): 296-318.

[39] Hu, C., Xu, Z., and Yashiro, N. (2015). Agglomeration and productivity in China: Firm level evidence. China Economic Review, 33: 50-66.

[40] Islam M Z, Siengthai S. (2009). Quality of work life and

organizational performance: Empirical evidence from Dhaka Export Processing Zone. Conference on Regulating for Decent Work, Geneva. 1 – 19.

[41] Itō T. (1992). The Japanese Economy. MIT press.

[42] Johnson C. (1982). MITI and the Japanese miracle: the growth of industrial policy: 1925 – 1975 [M]. Stanford University Press.

[43] Kee, H. L., Tang, H., Kee, H. L., and Tang, H. (2016). Domestic value added in exports: theory and firm evidence from china. Policy Research Working Paper Series, 106 (6).

[44] Kim, B. (2017). What has China learned from processing trade?. Journal of Economic Structures, 6 (1): 32.

[45] Kirkegaard, J. F. (2008). Offshoring, outsourcing and production relocations—labor market effects in the OECD and developing Asia. The Singapore Economic Review, 53 (3): 371 – 418.

[46] Klenow, H. P. J. (2009). Misallocation and manufacturing tfp in china and india. Quarterly Journal of Economics, 7 (4): 4.

[47] Koopman R, Wang Z, Wei S J. (2012). Estimating domestic content in exports when processing trade is pervasive. Journal of development economics, 99 (1): 178 – 189.

[48] Kraemer K L, Linden G, Dedrick J. (2011). Capturing Value in Global Networks: Apple's iPad and iPhone.

[49] Kudamatsu, M. (2012). Has democratization reduced infant mortality in sub – saharan africa? evidence from micro data. Journal of the European Economic Association, 10.

[50] Lall S. (2000). The technological structure and performance of developing country manufactured exports, 1985 – 1998. Oxford

development studies, 28（3）: 337 - 369.

[51] Lanoie, P., Patry, M., and Lajeunesse, R. (2008). Environmental regulation and productivity: testing the porter hypothesis. Journal of Productivity Analysis, 30（2）: 121 - 128.

[52] Lee, C. C. (2008). Market competition, business diversification and profit margin. Journal of Statistics and Management Systems, 11（2）: 229 - 256.

[53] Lemoine, F., and Ünal - Kesenci, D. (2004). Assembly trade and technology transfer: the case of China. World development, 32（5）: 829 - 850.

[54] Levinsohn, J., and Petrin, A. (2003). Estimating production functions using inputs to control for unobservables. Review of Economic Studies, 70（2）: 317 - 341.

[55] Li, P., Lu, Y., and Wang, J. (2016). Does flattening government improve economic performance? Evidence from China. Journal of development economics, 123: 18 - 37.

[56] Li, Z., and Yu, M. (2009). Exports, productivity, and credit constraints: A firm - level empirical investigation of China. Available at SSRN 1461399.

[57] Liu, Q., and Qiu, L. D. (2016). Intermediate input imports and innovations: Evidence from Chinese firms' patent filings. Journal of International Economics, 103: 166 - 183.

[58] Lu, J., Lu, Y. and Tao, Z. (2010). Exporting Behavior of Foreign Affiliates: Theory and Evidence. Journal of International Economics, 81（2）: 197 - 205.

[59] Lu, J., and Tao, Z. (2009). Trends and determinants of China's industrial agglomeration. Journal of urban economics, 65 (2): 167 - 180.

[60] Lu, Y., Tao, Z., and Zhu, L. (2017). Identifying FDI spillovers. Journal of International Economics, 107: 75 - 90.

[61] Mac'kowiak B. (2007). External shocks, US monetary policy and macroeconomic fluctuations in emerging markets. Journal of Monetary Economics, 54 (8): 2512 - 2520.

[62] Marshall, A., (1961), Principles of Economics. Political Science Quarterly, 77: 430 - 444.

[63] Martin, S. (1993). Advanced industrial economics. Solutions manual. Oxford: Blackwell.

[64] Melitz, M. J. (2003). The impact of trade on intra - industry reallocations and aggregate industry productivity. econometrica, 71 (6): 1695 - 1725.

[65] Melitz, M. J., and Polanec, S. (2015). Dynamic Olley - Pakes productivity decomposition with entry and exit. The Rand journal of economics, 46 (2): 362 - 375.

[66] Milberg W. (2007). Export processing zones, industrial upgrading and economic development: A survey. Background paper for ILO Governing Board discussion of Export Processing Zones. New York: Department of Economics, New School for Social Research.

[67] Mirabelle Muûls. (2012). Exporters, importers and credit constraints. Journal of International Economics, 95 (2): 333 - 343.

[68] Muûls, M. (2015). Exporters, importers and credit con-

straints. Journal of International Economics, 95 (2): 333 - 343.

[69] Na, H. (2019). Is intraregional trade an opportunity for industrial upgrading in East Africa?. Oxford Development Studies, 47 (3): 304 - 318.

[70] Nagaraj, P. (2014). Financial constraints and export participation in India. International Economics, 140: 19 - 35.

[71] Nickell, S. J. (1996). Competition and corporate performance. Journal of political economy, 104 (4): 724 - 746.

[72] Olley, G. S., and Pakes, A. (1996). The dynamics of productivity in the telecommunications equipment industry. Econometrica, 64.

[73] Panayotou, T. (1996). An Inquiry into Population, Resources and Environment. The Impact of Population Growth on Well - being in Developing Countries. Springer Berlin Heidelberg.

[74] Pao, H. T., and Tsai, C. M. (2011). Multivariate Granger causality between CO_2 emissions, energy consumption, FDI (foreign direct investment) and GDP (gross domestic product): evidence from a panel of BRIC (Brazil, Russian Federation, India, and China) countries. Energy, 36 (1): 685 - 693.

[75] Park, A., Yang, D., Shi, X., and Jiang, Y. (2010). Exporting and firm performance: chinese exporters and the asian financial crisis. Review of Economics and Statistics, 92 (4): 822 - 842.

[76] Peters, M., Schneider, M., Griesshaber, T., and Hoffmann, V. H. (2012). The impact of technology - push and demand - pull policies on technical change - does the locus of policies matter?. Research policy, 41 (8): pp. 1296 - 1308.

[77] Pipkin S, Fuentes A. (2017). Spurred to Upgrade: A Review of Triggers and Consequences of Industrial Upgrading in the Global Value Chain Literature. World Development, 98: 536 - 554.

[78] Porter M E, Van der Linde C. (1995). Toward a new conception of the environment - competitiveness relationship. Journal of economic perspectives, 9 (4): 97 - 118.

[79] Rosenthal, S. S., and Strange, W. C. (2004). Evidence on the nature and sources of agglomeration economies. In Handbook of regional and urban economics (Vol. 4, pp. 2119 - 2171). Elsevier.

[80] Rubashkina, Y., Galeotti, M., and Verdolini, E. (2015). Environmental regulation and competitiveness: empirical evidence on the porter hypothesis from european manufacturing sectors. Energy Policy, 83 (8): 288 - 300.

[81] Schwalbach, J., Graβhoff, U., and Mahmood, T. (1989). The dynamics of corporate profits. European Economic Review, 33 (8): 1625 - 1639.

[82] Shu, P., and Steinwender, C. (2019). The impact of trade liberalization on firm productivity and innovation. Innovation Policy and the Economy, 19 (1): 39 - 68.

[83] Solow, R. M. (1956). A contribution to the theory of economic growth. The quarterly journal of economics, 70 (1): 65 - 94.

[84] Syverson, and Chad. (2004). Product substitutability and productivity dispersion. Review of Economics and Statistics, 86 (2): 534 - 550.

[85] Thoenig, M., and Verdier, T. (2003). A theory of de-

fensive skill – biased innovation and globalization. American Economic Review, 93 (3): 709 – 728.

[86] Upward R, Wang Z, Zheng J. (2013). Weighing China's export basket: The domestic content and technology intensity of Chinese exports. Journal of Comparative Economics, 41 (2): 527 – 543.

[87] Wade R. (1990). Governing the market: Economic theory and the role of government in East Asian industrialization. Princeton University Press.

[88] Warr, and Peter, G. (1987). Export promotion via industrial enclaves: the philippines' bataan export processing zone. Journal of Development Studies, 23 (2): 220 – 241.

[89] Yunfeng, Y., and Laike, Y. (2010). China's foreign trade and climate change: a case study of CO_2 emissions. energy policy, 38 (1): 350 – 356.

[90] Zhao, X., and Yin, H. (2011). Industrial relocation and energy consumption: Evidence from China. Energy Policy, 39 (5): 2944 – 2956.

后　　记

奉献给读者朋友的这一部著作,是我博士期间(2017年9月至2020年7月)和入职山东大学经济学院(2020年8月至今)的研究成果之一。该研究得到了国家自然科学基金青年项目(项目编号:72203126)、山东省自然科学基金青年项目(项目编号:ZR2021QG011、ZR2022QG089)的资助,本书包含了该项目的阶段性成果。其中,博士学位论文获评2021年度南开大学优秀博士学位论文,相关成果发表于《世界经济》和《产业经济研究》。入职后的相关成果发表于《经济科学》和《当代经济研究》,其他内容来自工作论文。

自改革开放特别是中国加入世界贸易组织(WTO)以来,我国长期属于出口导向型国家,不断实施和优化贸易政策是促进我国出口和经济增长的重要手段。同时,我国经济成就离不开加工贸易的作用,加工贸易出口占我国总出口的比例一度达到60%以上。但是,时过境迁,2007年以后加工贸易出口占我国总出口的比例不断下降,2023年该比例降至18%左右。我国加工贸易主要存在两方面突出问题:一是大多从事附加值含量较低的加工制造环节,因而通过供给侧改革推动加工贸易转型升级刻不容缓;二是我国东部发达地区人口红利等比较优势下降,导致一些劳动密集型企业向东南亚、印度外迁,而中西部地区却具有劳动力和土地成本较低、税收优惠力度较大等相对比较优势,进一步形成其承接东部产业转移的客观基础。

后　记

因此，为了促进加工贸易高质量发展，我国不断调整加工贸易发展政策，其中实施的加工贸易转型升级战略、加工贸易转移政策取得了显著成效，这为本书的研究提供了充足的现实材料。

当前，学术界已经对我国的产业政策、贸易自由化、进出口贸易、全球价值链、产业转型升级等方面进行了研究，对深化我国贸易产业供给侧改革提供了丰富的理论和实践依据。但是，现有研究对我国加工贸易的改革方向和发展路径还没有形成系统性、客观性和规律性的学术观点。本书在现有研究基础上，从国家政策角度出发，尝试从加工贸易转型升级和梯度转移两大视角分析加工贸易的发展路径、机制和效应，系统总结了我国加工贸易转型升级和梯度转移的理论逻辑，采用前沿实证方法客观地论证了加工贸易发展政策的有效性，以及存在的不足之处。作为国际贸易方向的初级学者，本人长期关注我国国际贸易的发展动态，并且见证了加工贸易的兴衰和改革历程。我国的贸易条件、比较优势、出口结构、全球价值链地位等在不断变化，加工贸易发展政策也在不断调整，这为本书的研究提供了现实案例。新时期，为了促进加工贸易高质量发展和"稳外贸"，我国既需要推动加工贸易转型升级，也需要引导加工贸易梯度转移。

本书在研究、撰写和出版过程中，南开大学的李坤望教授、施炳展教授和山东财经大学的宋颜群副教授给予了悉心的指导和帮助，山东大学经济学院给予了学术著作出版资助，中国财政经济出版社的编辑付出了辛勤劳动，在此对他们致以最诚挚的谢意！

胡浩然

2025 年 1 月 10 日